扶贫产业技术集群

FUPIN CHANYE JISHU JIQUN

主　　编　王建明

西北农林科技大学出版社

图书在版编目(CIP)数据

扶贫产业技术集群 / 王建明主编. — 杨凌：西北农林科技大学出版社,2018.2(2020.5重印)

ISBN 978-7-5683-0428-3

Ⅰ. ①扶… Ⅱ. ①王… Ⅲ. ①农业技术—基本知识 Ⅳ. ①S

中国版本图书馆 CIP 数据核字(2018)第 038077 号

扶贫产业技术集群

王建明　主编

出版发行　西北农林科技大学出版社

地　　址　陕西杨凌杨武路3号　　　邮　编:712100

电　　话　总编室:029－87093105　　　发行部:87093302

电子邮箱　press0809@163.com

印　　刷　西安浩轩印务有限公司

版　　次　2018年2月第1版

印　　次　2020年5月第7次印刷

开　　本　850 mm×1168 mm　1/32

印　　张　6.5

字　　数　168千字

ISBN 978-7-5683-0428-3

定价:20.00元

CONTENTS 目录

粮油篇

蔬菜篇

特色产业篇

附录:小常识

粮油篇

我国是一个典型的粮油消费大国，习近平总书记强调：“中国人的饭碗任何时候都要牢牢端在自己手上，我们的饭碗应该主要装中国粮。”粮食是国家的根本，近10年来，尽管粮油生产实现了“连年增”，但在很大程度上仍然要看老天“脸色”，粮油生产的稳定性、可控性、安全性还不高。提高粮油生产最根本的出路就是要强化科技支撑，持续不断提高粮油生产的土地产出率、资源利用率、劳动生产率和科技贡献率。任何时候都不能放松粮食生产，“有粮心不慌”，粮食丰收了，不仅能吃饱，也才有能力发展加工业、畜牧业及其他产业。

第一节 玉米优质高产栽培技术

(关键词:优质品种;肥团早播;增加密度;防治病虫)

玉米是陕南山区主要粮食作物,在粮食生产中占有举足轻重的地位。玉米虽然属于高产作物,但由于玉米种植区有40%分布在海拔千米以上的地区,立地条件差、光热资源不足、土地贫瘠,耕作粗放,产量低而不稳。依据近年来玉米生产中存在的问题,要进一步夺取玉米高产,应在重点抓好综合技术措施的基础上,因地制宜地实施玉米"三项"高产栽培技术,尤其是玉米肥团育苗移栽。

一、玉米优质高产栽培关键技术环节

(一)选用高产良种,搞好品种布局

选用省级以上审定并经过县级农业部门认定的适合种植区生态条件的优质、高产、抗病玉米新品种,合理布局。春播一般应选用高产、优质、抗(耐)病性强的品种,丘陵山区水肥条件较差的地方,可因地制宜搭配种植耐旱、耐瘠薄的品种;夏播选用生育期较短的早熟品种。

(二)因地制宜、适时早播,提高播种质量

1. 适时早播

在玉米的适宜播期范围内争取早播。要做到"春争早,夏争时"。实践证明,早播是提高玉米产量的有效措施之一。其增产原因主要是有效利用光热资源,病虫为害轻,不良气候影响

小。玉米早播的方法主要有地膜覆盖、覆膜育苗移栽、间作套种等。

2. 提高播种质量

“种好是基础,管好是关键”。其他作物都是“三分种,七分管”,在玉米生产上,必须做到“五分种,五分管”,才能夺高产。随着玉米产量的进一步提高,对播种质量的要求也越来越高。一是适当增加播种量;二是精选种子;三是足墒、匀墒播种;四是播种深浅和覆土薄厚均匀一致;五是种肥隔离,以免肥害烧芽。

(三)适当增加密度、合理密植

通过增加种植密度,确保玉米收获穗数,达到高产,比其他作物更重要。主要是因为:玉米为独棵单穗穗数调节能力差的作物,玉米单穗产量高,应根据品种特性、土壤肥力、气候条件、土地状况、管理水平等因素确定适宜密度。

(四)合理施肥、科学施肥

1. 施肥原则

(1)有机肥和无机肥并重:有机肥一般含营养元素较全面,肥效慢而长;无机肥指化学肥料,一般含营养元素较单纯(除复合肥外),肥效快而短。有机肥料可增加土壤有机质,改良土壤结构,提高土壤肥力。

(2)氮、磷、钾肥配合施用:在玉米生产上偏施氮肥的现象较为普遍,磷、钾肥用量较少。氮、磷、钾配合使用,不但能满足玉米生长发育对各种营养元素的需要,而且还能提高单一元素的利用率。

(3)根据玉米的需肥特点和肥料特性施肥:玉米苗期对磷素特别敏感,而磷在土壤中的移动速度较慢。因此,磷肥要作基肥或种肥施用,效果才会更好。玉米各生育期都需氮肥,大喇叭口至抽雄、授粉至乳熟期为需氮高峰期,并且氮肥易流失,因此,要多次分期施用氮肥。追施的重点应该是大喇叭口期。

2. 施肥方法

除了要遵循上述提到的施肥原则外,玉米施肥还要注意施用方法是否科学合理,这直接关系到效益的高低。一般情况下,应是施足基肥,适量种肥,早施攻秆肥,重施攻穗肥。

(五)及时间苗、定苗

为了保证有足够的苗数和收获株数,播种量一般都在要求密度所需种子量的3倍左右,所以,在玉米出苗后,要适时拔掉多余的苗子。去苗的过程叫作间苗、定苗。定苗是最后决定密度的关键。

(六)化学除草技术

春夏雨水充沛,杂草生长快,玉米苗期草害较重,化学除草是解决草害问题的有效办法之一。

1. 甲草胺

又名拉索,在强酸和碱性条件下易水解,是一种选择性苗前使用的除草剂,可除一年生禾本科杂草和某些阔叶杂草。玉米田播后苗前或定植后杂草萌芽前用药,一般用43%乳油每亩(1亩≈667平方米)175～300毫升,对水50～60千克,均匀喷雾于表土。

2. 乙草胺

乙草胺与甲草胺同属于酸胺类除草剂,是选择性旱田芽前除草剂,可防除一年生禾本科杂草,但对多年生杂草无效。杂草对乙草胺的主要吸收部位是芽鞘,因此必须在玉米出土前施用。一般每亩用50%的乳油50～70毫升,加水40～60千克,在播后苗前喷洒。

3. 草甘膦

草甘膦是速效灭生性触杀型除草剂,玉米上可用于免耕除草或玉米成株期定向行间喷雾，施用时应避免喷到玉米植株上。小麦收割后，不经翻耕，直接播种，在玉米出苗前每亩用46%水剂150～200毫升，对水30千克喷雾。

二、玉米"三项"技术

玉米"三项"高产栽培技术，即玉米地膜覆盖栽培技术、玉米肥团育苗移栽技术和玉米规格间套技术。

(一)玉米地膜覆盖栽培技术

适宜范围：在海拔800米以上的阴坡地及1200米以上的玉米种植区为重点推广区域。适合土层深厚、肥力中等以上的平地、梯地或15°以下缓坡地，也适合城郊鲜食早熟玉米地膜栽培。

(二)玉米营养钵(肥团)育苗移栽技术

1. 适宜范围

该项技术适宜在我县海拔800～1200米的中山区推广应用。

2. 配料制钵(肥团)

按1亩地制钵4000个计算，共需营养土1400千克，其中腐熟细碎有机肥800～1000千克，过筛熟土400～600千克，过磷酸钙5～7千克，尿素1～1.5千克，硫酸钾2千克，硫酸锌200克。充分混合后，用制钵器打制或用手捏制成鹅蛋大的肥团(或肥球)。

3. 做好苗床

常用的有地槽苗床和地面苗床两种。高海拔地区宜采用地槽苗床，挖坑道深25厘米，长宽依照地块及农膜确定。低海拔地区采用地面苗床，若用2米宽的农膜，做宽120厘米苗床，四周做埂，埂高10～15厘米，宽20～25厘米。一个苗床的长度以不超过10米为宜。苗床面积按栽1亩大田,育苗14~16平方米计算,采取多点育苗就地移栽。

4. 适时育苗

当5厘米地温稳定超过8℃时或当地终霜期前10~15天即可播种。海拔800米左右的地区一般3月25~30日播种为宜,海拔每升高100米播期向后推迟4天。将营养钵(肥团)靠紧并排放在苗床上,并分次洒水使营养钵和苗床湿润。播前先进行浸种催芽,待露白后,每钵播一粒胚根向下的种子。播种后用细土填满钵间空隙,并盖2厘米厚的细土,再贴地表覆盖一层地膜,起到保水增温的作用。然后用竹片搭好拱架,盖上农膜,压牢四周,并开好排水沟。夏玉米移栽在前作物收获前20天制钵(捏肥团)露地育苗。

5. 苗床管理

当出苗70%时抽出表层地膜,苗床一般不浇水,若床土表面发白干裂,幼苗叶片有萎蔫时,可用淡尿水湿润表土。在两叶期前高温高湿促出苗;两叶期后控温蹲苗,以20℃左右为宜,若中午棚内温度过高,可将两头揭开通风散热。栽前3~5天揭膜炼苗,前一天下午给钵团体浇透"送嫁水"。

6. 适时移栽

移栽时间以叶龄五叶一心,苗龄30~35天为宜。移栽密度按品种和地力肥瘦情况灵活掌握,一般纯种每亩3800~4000株,套种每亩减少500~1000株。要求按行距开沟移栽,沟深8厘米左右,带肥、坐水,大、小苗分级定向移栽。

7. 加强田间管理

重点是早追肥、早松土。追肥的原则和方法按上述进行。

(三)玉米规格间套技术

根据作物确定合理带型:以能够充分利用生长季节,发挥边际效应,缩短作物共生期,使之相互协调生长为原则。目前随着种植结构的调整,间套模式越来越多,有“粮—粮”间套、“粮—经”间套、“经—经”间套等。

第二节　水稻优质高产栽培技术

(关键词:品种优质;催芽早播;培育壮秧;防治病虫)

全县有 5 万亩水稻,“十二五”期间,通过大力推广水稻高产综合栽培技术,使水稻单产有了较大幅度提高,但优质品种面积小、基本苗不足、有效穗少、病虫草害严重等问题尚未彻底解决。要进一步挖掘水稻增产潜力,努力实现高产优质高效。

一、选用高产优质杂交良种,搞好品种合理布局

要大力推广优质高产抗病杂交良种,海拔 700 米以下地区以生育期较长、增产潜力大的中晚熟品种为主,海拔 700 ~ 800 米地区以中早熟品种为主。海拔 900 米以上地区以早熟品种为主。要合理品种布局,防止越界种植。

二、选择适宜的育秧方式,培育多蘖壮秧

目前育秧方式比较多,要因地制宜,合理采用,突出早播、培育壮秧,适期早栽,合理密植,加强田管等技术环节。

(一)温室育秧或农膜育秧

1. 稻种浸泡处理

用三环唑或强氯精浸种 2 天,再用清水浸种 2 天,保证种粒吸足水分。

2. 适时温室育小苗

根据品种、茬口、气候等选择适合当地的进室时间，一般在清明前后即可进第一批。

3. 温室管理

主要是温度及湿度的管理。进室1～2天高温破胸(35～38℃)，谷粒水汪汪，盘内无积水；进室3～4天，温度25～30℃，适温促苗，保持秧尖吐露珠，根毛湿润不积水；进室5～6天，温度20～25℃，降温炼苗，注意绵腐病的防治。

4. 双株寄插

规格为5厘米×6.5厘米或6厘米×6厘米，双株寄插后用腐熟的干细圈粪盖根保温，湿润扎根。

5. 秧田管理

始终保持浅水促分蘖，除整秧床施肥外，“缓衣”后亩施腐熟淡粪水20～30担，二叶一心时亩施尿素3.5～5千克，三叶一心时亩施分蘖肥(尿素)7～10千克，同时亩施150～200克多效唑，达到促蘖控苗的目的。对浮萍草、牛毛毡严重的田块，每分秧田可用秧田净3克进行化学除草，同时可进行叶面喷肥，调节生理机能，促壮苗。

农膜育秧更要浸种催芽，早播，加强水分与温度管理。

(二)旱地育秧

1. 秧床选择

要选择水源近、背风向阳、土壤肥沃的旱平地或起旱多年的水田，土壤疏松，团粒结构好。一般冬水田每亩需15平方米、两季田需30～35平方米的秧床。

2. 秧床培肥

在夏季施入麦壳、油菜荚(角)、3～6厘米长废稻草培肥的基础上，开春后要及时用优质腐熟过筛的细农家肥，施入10～

13 厘米深的表土层，反复浅匀，即每平方米施圈粪 2 ~ 3 千克。若土壤黏瘦，要加大圈粪用量。

3. 秧床制作

按宽 1.0 ~ 1.2 米画线，两边各留 0.5 米宽的人行空道，然后在 1.0 ~ 1.2 米的播种畦内施入化肥，即每平方米施尿素 50 克、过磷酸钙 100 ~ 150 克、硫酸钾 50 克等酸性肥料，同时再施入杀虫剂（地蚕净或绿地丛青），然后反复扦匀 4 ~ 5 次，将人行空道内肥土过筛堆放，以备盖种用。平整后做成高6 ~ 10 厘米的小畦，使之成为“海绵”状的疏松土层。

4. 适时播种

当气温 6 ~ 8℃，一般在清明前后即可播种，播种前浸种 4 ~ 5 天，催芽至芽尖“露白”时即可。播前要多次浇足水分湿润床土，浇杀菌药液（敌克松）后，应多次反复播匀，然后盖 1 厘米厚细土，拱膜覆盖。

5. 秧苗管理

要根据不同时期进行温度和湿度的管理，可按以下流程进行：

	保温		保温		控湿防雨		保湿	
播种	⟶	出苗	⟶	一叶一心	⟶	二叶一心	⟶	四叶一心
	保湿		保湿防立枯病		揭膜换气		揭膜炼苗	

三、提高大田插秧质量

1. 适时早插

早禾田（冬水田）力争 5 月中旬插完，旱育秧秧苗不超过五叶一心，连本带蘖 2 ~ 3 个头时，即可插秧，窝插2 ~ 3 株。晚禾田（回茬田）力争 6 月 10 日前插完。要做到浅插，避免二、三叶蘖插入土层内，造成二、三段根消耗养分。

2. 合理密植

大力推广“一根绳”或“宽窄行”插秧，即早禾田 16 厘米×25 厘米，亩插 1.5 万～1.6 万穴，穴插 6～8 个头，亩基本苗 10 万～13 万；中晚禾田采取 15 厘米×20 厘米，亩插 1.6 万～1.8 万穴，穴插8～10 个头，亩基本苗 13 万～17 万。

3. 配方施肥

亩施纯氮 9～10 千克，其中 80% 作底肥；亩施纯磷 5～6 千克，全作底肥。一般在底施优质农家肥 1500 千克的基础上，再施碳铵 40 千克，过磷酸钙 40 千克。要求底肥一定要深施并耕耙平匀。

四、切实抓好田间管理

1. 大田追肥

插秧后 1 周内亩施 5～7 千克尿素，并结合防二化螟（钻心虫）和稻田化除一次性配合施用。

2. 及时晒田

适合我县晒田的时间一般在夏至后 5 天，即 6 月底，做到苗够不等时，时到不等苗。晒田标准为出现鸡爪纹。覆水时间不迟于 7 月 10 日。

3. 补施穗肥

底肥不足或有脱肥田块，在 7 月 10 日前施 1 次攻穗肥，一般亩施尿素 2～3 千克，后期要大力推广叶面喷肥。

4. 综合防治病虫害

特别要注意稻瘟病、稻苞虫、二化螟、黏虫、稻飞虱等常见病虫害的防治。防治技术参照本书“农作物常见病虫害的识别与防治”相关内容进行。

第三节　小麦优质高产栽培技术

(关键词:品种优质;药剂拌种;适期晚播;配方施肥)

小麦是主要夏粮作物,其产量的高低直接关系到夏粮生产形势。根据多年来小麦高产栽培技术经验,结合不同地区水肥光热资源,秋播小麦高产主推技术措施包括以下几个方面:

一、积极推广高产优质抗病良种

坚持大稳定小调整的原则,做到品种合理布局。丘陵川道地区以青麦 10 号、汉麦 5 号为主,搭配种植绵阳系列品种等。高山区应选择适合当地种植的耐寒抗病良种,防止品种单一、混杂及越界种植,主要选择抗条锈病的品种。

二、精细整地

在前茬作物收获后,抢晴天耕翻整地,打碎土块。稻麦两熟田播种小麦要注意开好边沟、中沟、腰沟,边沟深 25 厘米、宽 20 厘米,中沟和腰沟深、宽各 20 厘米,保证沟沟相通,排灌自如,雨停田干,防止湿害。

三、适期、合墒、精量播种

1. 适期

丘陵川道地区在 10 月 25 ~ 30 日播种。为防止小麦茎基腐病和条锈病早发,播期不能早于 10 月 15 日;海拔 1000 米以上地区 10 月上旬播种为宜。

2. 合墒

在高产期内，根据天气状况，抢时合墒播种，既要避免湿耕烂种，又要避免跑墒播种。

3. 精量

在保证种子发芽率达到95%以上的前提下，每亩用种10～12千克。应根据品种、土质、墒情酌情增减，或根据发芽率和不同的播种方法来确定当地播种量，避免过量播种，导致基本苗过多，田间荫蔽，病虫害重。

四、施足底肥

按照控氮、增磷、补钾的原则，目标产量200～250千克，在亩施1000～1500千克农家肥的基础上，亩施碳铵40～50千克、过磷酸钙35～40千克，将总氮肥量的80%和全部磷肥作为底肥一次施入。

五、田间管理

1. 冬前管理

主攻早分蘖、多分蘖、分壮蘖，使单株叶片数、分蘖数、壮蘖数、次生根达到壮苗标准。主要措施是抓好中耕除草、追施苗肥。有条件的要搞好冬灌。

2. 春季管理

以促早发稳长、控制荫蔽、幼穗发育为主，争取达到穗大粒多。主要措施是早中耕除草、减少土壤养分消耗和水分蒸发，抓好"二虫三病"即麦红蜘蛛、麦蚜、条锈病、白粉病、赤霉病的防治，特别是条锈病的防治，确保麦苗健壮生长。抽穗灌浆期，要重点抓好防虫防病，保叶养根，促进多花多粒和粒重。若有脱肥现象，可在孕穗扬花期叶面喷施尿素和磷酸二氢钾1～2次，其浓度为尿素2%、磷酸二氢钾0.3%。病虫防治按照本书"农作物常见病虫害的识别与防治"相关内容进行。

第四节 豆类优质高产栽培技术

(关键词:合理搭配;增施磷肥;合理密植;防治螟虫)

豆类是重要的农作物之一,主要有大豆、芸豆、小豆、绿豆、蚕豆、巴山豆等。为了提高我县豆类作物的种植水平,提高单产、增加总产、改善品质,将主要豆类作物栽培技术介绍如下:

一、大豆优质高产栽培技术

1. 选择茬口,合理轮作

大豆根部分泌一种有害的酸性物质,连作易造成抑制根瘤菌的生长发育,降低固氮能力,同时加重病毒病,因此选择禾谷类、油菜等前作为宜。同时,间套地调换带幅,与玉米、高粱等间作套种,可以充分利用地力和空间,提高单位面积产量。

2. 深耕整地,施足底肥

前茬作物收获后及时进行深耕整地,保持土壤疏松细碎,以提高地温。同时备足有机粪肥及氮、磷肥料等,改变懒庄稼不施肥的传统习惯。根据套种或纯种来确定施肥水平,一般纯种亩产200 千克,需施有机肥 1500 千克,碳铵 20 千克,过磷酸钙 15~20 千克,增施 0.25~0.5 千克硼肥,底肥应结合深耕整地施入土中。

3. 选用良种,做好拌种处理

要因地制宜地选择好良种,根据当地土壤条件,轮作倒茬及种植制度等,采用不同类型的品种,才能获得丰收。春播应选择生育期140天以上的晚熟种，夏播应选生育期120天以内的中早熟种，植株直立型，有限和亚有限结荚习性，一般以北京豆、郑长叶7号等为主。播种前要精选种子，剔去病粒、杂质，选择粒大饱满、种皮光滑、色泽鲜明、种脐颜色形状一致的种子，连续晒种2～3天后，用钼酸铵拌种。一般每百千克种子用钼酸铵40～60克，用少量温水溶解，再加水2～3千克，制成1%～2%的钼酸铵溶液，边喷洒边搅拌，阴干后播种（不用铁器，忌在阳光下，以免降低肥效）。

4. 适时播种，提高播种质量

春大豆当2厘米地温在12℃以上时即可播种，一般在4月上旬至下旬。夏大豆在前作收获后及时点播，力争夏大豆早播，延长生育期，增加营养物质的积累，避免后期低温阴雨天气的影响。播种时以点播为宜，深浅要一致，覆土要均匀，利于苗全、苗齐、苗匀、苗壮。

5. 抓好田间管理

一是破除土壤板结。大豆为双子叶植物，比单子叶植物出土困难，若播后遇雨，地面板结，要及时破除，助苗出土，同时松土通气，提高地温，促进根系生长发育。二是查苗补缺，及时间苗定苗。一般纯种1.2万～1.5万株/亩，套作6000～8000株/亩。三是中耕除草和松土。一般在刚露真叶时进行第一次浅锄，第一片复叶展开时进行第二次中耕，当幼苗出现3～4片真叶时，第三次中耕，并做好培土，同时除尽杂草，防治草荒。四是灌水与排涝。大豆苗期需水较少，根系生长迅速，抗旱力强，分枝期若遇干旱应适当灌水，促进花芽分化。同时，幼苗分枝期，正值大豆蹲苗扎根期，若土壤水分过多，会影响根系的发育，因此雨水过多时应及时排涝。花荚期也应做好灌溉排水工作。五是做好叶面喷肥与病虫防治。巧用多效唑控制茎叶徒长，注意防治大豆食心虫、豆荚螟。

6. 及时收获，安全贮藏

大豆黄熟末期的特征是，叶片大部脱落，茎秆变黄，荚壳变色，种子变为固定的形状和颜色，并与荚壳脱离，摇动植株有响声时开始收获。收获后挂在房下或树上，通风透光，农闲时及时脱粒，晾干贮藏，防止堆沤造成籽粒发霉变质。

二、芸豆优质高产栽培技术

芸豆在高寒山区有一定种植面积，以其营养性和商品性好深受群众欢迎，同时也是外贸销售的重要产品，其经济价值较高。为了提高芸豆的单产，增加总产，可采取以下技术措施：

1. 精细整地，备足肥料

在秋冬深耕的基础上，早春及时浅耕，蓄足底墒，同时捡拾根茬石块，注意轮作换茬，且忌重茬连作。按每亩 150～200 千克的产量指标，每亩需备足优质农家肥 800～1000 千克，磷肥 20 千克，碳铵 15～20 千克，草木灰 150～200 千克。应多施磷、钾肥，适量施用速效氮肥，以磷促氮，增强根瘤固氮作用。

2. 及时播种，提高播种质量

大力推广地膜覆盖栽培技术，按 1.5 米带型与马铃薯套作，在播种马铃薯后的空畦中，覆膜并点播双行芸豆，一般窝距16～20 厘米，行间距 1 尺，每亩保证有 1 万窝。窝播精选后的粒大饱满的种子 2～3 粒，播后将播种孔覆土盖实。因地制宜，适期早播，可以充分利用光热资源，延长生育期。我县一般在 4 月上中旬至 4 月底播种为宜。

3. 选用良种，备足种源

目前当地商品性较好的芸豆品种主要有“奶花豆”和白芸豆，要精细筛选符合本品种特性的粒大饱满的种子，剔除病、虫及霉烂种子，播前晒种 2～3 天，能提高出苗率和整齐度。一般每亩需备种 7.5～10 千克。

4. 注意防治病虫害

近几年芸豆主要受卷叶螟的危害，在卷叶螟为害区亩用杀虫双水剂 200 克或灭扫利 20 毫升对水 40 千克，在芸豆开花初期进行叶面喷雾。

5. 及时收获

当叶片凋落，中下部豆荚已经充分成熟，荚色变黄白色时，要及时收获，晾晒在房檐下，通风透光，防止霉烂。及时脱粒晾晒贮藏，严禁堆沤霉变，以免影响商品性。

三、绿豆优质高产栽培技术

1. 轮作及种植方式

绿豆忌连作，连作病虫害多，产量品质差。绿豆对前茬要求不严，任何作物之后都可种植。为使绿豆高产，宜与禾谷类作物轮作。因绿豆适应性强，可以纯种、间作或套种，根据当地需求自行选择。

2. 精细整地

绿豆根深子叶大，顶土力弱，对整地有较高要求，需深耕细作，地平土碎。若整地不细，易造成播种深浅不一，影响出苗，限制根瘤菌发育而影响产量。

3. 选用良种

选用良种是投资少、收效快、提高产量的基本措施，应在选择当地常规品种的基础上，积极引种中绿 1 号、中绿 3 号等进行试验示范。播前应进行选种，去掉毛绿豆及异色籽粒。

4. 增施肥料

以有机肥为主，无机肥为辅，施足底肥，适量追肥。底肥以人粪尿、草木灰、猪牛等圈粪最好，它不仅能供给绿豆各种营养元素和有机质，而且还能改良土壤，促进根瘤菌的发育，结合苗情一般每亩追施尿素 3～5 千克。

5. 适期播种

绿豆播种期较长，一般在土温达 15℃以上时即可播种，春、夏播种均可，播种时采用条播为宜，坡地每亩 5000 株，梯地每亩 6000 株为宜。

6. 加强田间管理

一是间苗定苗。要早间苗，早定苗，及时拔除病苗、弱苗及杂草。二是中耕除草。一般进行 2～3 次中耕，封根培土，防治草荒。三是适时灌水。绿豆蕾花期、花荚期需水量大增，有条件的在此期灌水可增花保荚，增粒增重，提高产量。四是及时防治病虫害。绿豆主要病害有枯萎病、叶斑病等；主要虫害有地老虎、豆荚螟、绿豆象、蚜虫、红蜘蛛等。防治措施：应根据田间病害或虫害发生的具体情况选择对路农药，做到及早发现、及早防治。

7. 适时收获

绿豆的开花结实由下而上，荚角也是自下而上渐次成熟，要分批适时收摘，收摘过早，种子成熟度差，影响产量和品质；收摘过迟，荚角遇雨会霉变或裂荚，只有适时收摘，才会颗粒饱满、不炸荚、无霉变、丰产丰收。

第五节 甘薯优质高产栽培技术

(关键词:品种优质;壮苗早栽;磷钾搭配;适当稀植)

一、甘薯育苗

育苗是甘薯生产的重要环节,育苗栽藤能延长甘薯生长时间、提高产量、节约种薯和降低生产成本。

(一)育苗的准备工作

1. 确定育苗计划

根据甘薯种植面积、需要薯苗的数量和时间,备足种薯和物料,其中最主要的是留足种薯。一般每亩需要50~70千克。

2. 选好床址

要选择背风向阳,地势稍高,排水良好,土质肥沃,水源较近,上年没有种过甘薯或做过苗床的地方。

(二)育苗的方式及苗床种类

甘薯育苗的方式很多,归纳起来,可分为露地育苗和加温育苗两种。

1. 露地育苗

在温暖季节利用自然温度促进种薯萌芽长苗。这种方式育成的苗,薯苗健壮,方法简单,管理容易,但需种量较多,并受季节限制,不能满足适时栽插的要求。

2. 加温育苗

在自然温度还不适合薯块萌发长苗时,用人工加温或太阳能增温的办法促使薯块萌发长苗。这种方法育苗,出苗早,用种量少,可以有效地利用生长季节,达到适时早栽,提高产量。依据热源不同可分为火炕育苗、酿热温床、塑料薄膜温床、电床等。以上各种苗床,要依据当地条件选择使用。

(三)苗床管理

1. 严格控制床温

发芽出苗前要将苗床温度保持在 32 ~35℃,苗床内空间的温度不能超过40℃,否则会引起烧苗。温度过高时应打开通气孔或揭开部分薄膜通气降温。出苗至剪苗前3 ~4 天,将床土温度保持在 25 ~28℃,水分、光照要充足,剪苗前 3 ~4 天要控温炼苗,逐渐揭膜晾晒,降温降湿,促使薯苗健壮。

2. 严禁拔苗

拔苗既传染病害,又影响出苗数。

3. 掌握好施肥技术,防止烧苗

苗床施肥要在剪完头苗后,每一次剪苗后应适量追施化肥。宜在中午撒施,撒后随即用小竹棍振动薯苗使化肥落到苗床表面,紧接着浇水,将其叶上残留化肥全部淋洗到床土中去。一般10 米长的苗床每次追施尿素 0. 3 千克左右。

4. 掌握好头茬苗的剪苗技术

缩短供苗期,保证适时集中早栽。要做到“头早、二缓、三赶”,即将 20% 的头茬苗的一级苗够壮苗标准及时剪掉,让40% ~50% 的二级苗适当缓一下尽量多剪,将其余的三级苗促进一下,让其尽量长快一些。

5. 利用采苗圃加速繁殖

这是以苗繁殖培育无病壮苗,保证夏秋薯适时早栽、密栽,实现增产的重要方法。种植采苗圃有小垄密植、朝阳沟、平畦等多种育苗方式。

6. 及时防除病虫杂草

蚜虫和红蜘蛛，可用氧化乐果1500倍液喷杀；金针虫、卷叶虫可用90%敌百虫1000倍液喷杀。苗床应常中耕除草。

二、大田栽培

（一）发根缓苗阶段

从栽苗到新叶长出展开为发根缓苗阶段。此阶段主要是埋入地下的各节上很快发根，与此同时，地上部的茎节发育，恢复生长。栽培的中心任务是促使薯苗早发根，多发根，缓苗轻，为丰产打好基础。栽培原则是以促为主。栽培措施如下：

1. 为丰产创造良好的土壤条件

深耕改上，增施有机肥，重视钾肥的施用。

2. 提倡垄作

垄作是栽培甘薯特有的方式之一。其优点表现在：①加深土层，提高土壤透气性；②利于排水和灌溉；③增加表土层，改善茎叶通风透光条件；④提高地温，造成昼夜温差较大，利于块茎形成和膨大。

3. 适时早栽

早栽能够增产，其原因是：①延长了生长期，增强了光合效率；②改善了植株养分分配，增加了养分积累；③提高了薯块干物质含量。早栽时间以10厘米土温稳定在15℃左右为宜，我县甘薯大田插植一般在5月中下旬至6月上中旬较为适宜。

4. 栽插方法

栽插方法多种多样，无论采取哪种栽插方法，都要达到“浅、平、紧、透”的栽培要求。浅：栽插深度为5厘米。平：埋入土中3～4节要平，留出部分要直。紧：入土各节要用土压紧。透：栽后及时浇透水，保证缓苗需水量。

栽插密度以3000～5000株/亩为宜。适时查苗、补苗，保证全苗。

5.及时防治虫害

主要是地老虎、蝼蛄、大蟋蟀、蛴螬等，可用毒饵进行诱杀。

(二)分枝结薯阶段

从发出分枝到开始封垄为分枝结薯阶段。一般此阶段的生长中心由前一阶段以发根为主转到以长茎叶为主，栽培中心是促使植株早生、快发、早结薯、多结薯，栽培原则仍以促为主。主要管理措施如下：

(1)结合中耕除草进行提垄，以提高地温促使发根。

(2)早施、重施壮株促薯肥。在“扭头拉蔓”时及早追肥，以复合肥为最好。有条件的结合墒情适时灌水。

(3)防治茎叶害虫。主要害虫是斜纹夜蛾、卷叶虫、甘薯天蛾、小象鼻虫、金花虫等，可用晶体敌百虫等进行防治。

(三)茎叶生长与块根相应膨大阶段

此阶段的中心仍以茎叶生长为主，需肥特点是以钾、磷为主。这一阶段栽培管理的原则是：旺者采用“控上促下”，弱者采用“控中有促”“促控结合”。栽培上应注意：

(1)注意排涝防渍，控制茎叶徒长，增加土壤透气性，以利块根膨大。

(2)追施催薯肥。以钾肥为主，每亩可追施硫酸钾10千克左右或亩施草木灰100～150千克。

(3)保护藤叶，不要翻蔓。翻蔓减产的原因是：第一，损伤茎叶，降低了养分制造的能力；第二，打乱叶的合理分布，削弱了叶的光合性能；第三，打乱了养分的正常分配，并影响碳水化合物与养分的运转和积累；第四，损伤了部分不定根，降低了吸收养分的能力和抗逆能力。

(4)适时喷洒“矮壮素”,防止茎叶徒长,一般浓度为$(20\sim30)\times10^{-6}$。

(四)茎叶衰退与薯块迅速膨大阶段

此阶段生长中心转为块根膨大为主,块根内的淀粉迅速积累,地上部分生长缓慢,叶色转淡,枝梢下缩。栽培的中心任务是“保上促下”,主攻目标是尽量延长叶的功能期,防止早衰,加速块根膨大和淀粉积累。栽培措施是:

(1)根外追施磷、钾肥。方法是用2% ~5%的过磷酸钙液或1%的磷酸钾液,过滤后的草木灰水,午后喷施,每亩80 ~100千克。

(2)排涝防渍,防止变质。

(3)适时收获,防止冷害。一般应在霜前收获。

第六节 马铃薯优质高产栽培技术

(关键词:脱毒种薯;增施磷钾;提早冬播;合理稀植)

马铃薯俗名洋芋,是主要粮、菜、饲作物,常年种植面积8万亩。近年来,由于品种退化严重,栽培技术不够规范,产量低而不稳。马铃薯优质高产栽培技术是采用脱毒种薯、高垄栽培、配方施肥、规格间套、综合防治病虫害等措施为一体的集成技术。

一、播前准备

1.地块选择

选择坡度适中,沙壤或轻壤,且3年内未种过茄科作物,土层深厚疏松的地块种植,冬前深耕,播前耙细。

2. 种薯选择

选用增产潜力大的早大白、费乌瑞它、紫花白、青薯9号等脱毒种薯,要求品种特征明显、表皮光滑、无病无伤无混杂。

3. 种薯处理

播前半个月将种薯散开堆放于15℃左右的室内接受散射光,切种前再晾晒2~3天,促进芽眼萌发,达到苗齐苗壮的目的。切种刀要用酒精或福尔马林溶液消毒20分钟。采用大薯切块的,每个切块重20~30克,并带有1~2个正常芽眼。薯块切好后用草木灰拌种,促进伤口愈合。

4. 确定播期

海拔900米以下地区1月下旬至2月中旬播种;海拔900~1200米地区2月上旬至下旬播种;1200以上地区2月下旬至3月中旬播种。海拔900米以下地区地膜覆盖栽培可提早40天左右进行冬播。

二、大田播种

1. 种植方式

(1)纯种马铃薯:一般按90~100厘米宽起垄,双行种植,株距23~26厘米,每亩种植5500穴左右。

(2)间套马铃薯:双行马铃薯套种单行春玉米的双套单种植模式采用120厘米带型,马铃薯占地50~70厘米,株距22厘米,马铃薯每亩种植5000穴;双行马铃薯套种双行春玉米的双套双种植模式采用150厘米带型,马铃薯占地50~70厘米,株距20厘米,每亩种植4000~4500穴。

2. 配方施肥

遵循重施基肥,增施钾肥,氮、磷、钾搭配的原则。按亩产

2000～3000 千克产量指标，亩需施纯氮（N）9～11 千克，磷（P_2O_5）4～5 千克，钾（K_2O）10～12 千克，其中 70% 氮肥作基肥，30% 作苗期追肥，磷钾肥全部作基肥。具体施肥方法是：每亩用腐熟农家肥 2000 千克，碳铵 35～45 千克，过磷酸钙 35～40 千克，硫酸钾 20 千克，混合后作底肥施用。施肥方法一般是化肥结合起垄施入，圈粪盖种。

3. 高垄栽培

起垄高度要求：稻茬田及易积水地块必须达到 20～25 厘米，其他地块 15～20 厘米。高垄栽培有利于提高产量和减轻病害。播种时在垄面上按小行距 40 厘米开播种沟，沟深 15 厘米，播种沟距垄边 10 厘米，顺播种沟按带型株距摆放种薯，薯芽向上，播深 6～8 厘米，播后覆土平整垄面。

三、田间管理

1. 幼苗管理

地膜覆盖栽培应及时破膜放苗，并用细湿土封严破口。露地栽培马铃薯齐苗后至现蕾期结合中耕除草培土追施 1 次提苗肥，每亩追施稀粪 600～800 千克或尿素 3～5 千克，促进幼苗生长；生长中后期要疏通三沟，防止田间积水，减轻病害，减少烂薯。

2. 防治病虫害

（1）晚疫病：晚疫病是马铃薯生产中的主要病害，苗期防治的措施主要是清沟排湿，现蕾前后交替使用 70% 代森锌和瑞毒霉锰锌 500～800 倍液喷雾 2～3 次，间隔 7 天喷 1 次，特别是遇大雨后要及时喷药防治。

（2）二十八星瓢虫：选用高效低毒农药 48% 毒死蜱或杀虫双 800～1000 倍液喷雾防治。

3. 多效唑化控

对中长蔓品种旺苗喷施多效唑进行一次化控，优化群体结构。时间是马铃薯现蕾至开花初期、苗高30厘米时进行。喷施多效唑时应注意：一要看苗情用准药量，中等苗每亩使用15%多效唑20～30克，旺苗及肥地苗亩用30～40克；二要选择晴天下午或阴天喷药；三要均匀喷药不重喷。

4. 叶面喷肥

马铃薯生长中后期即收获前1个月，用0.3%～0.5%磷酸二氢钾与硼砂溶液喷雾1～2次，促进淀粉合成与积累，提高产量。

四、适时收获

马铃薯主茎上部茎叶30%变黄时，及时收挖，防止高温高湿烂薯。

第七节　荞麦优质高产栽培技术

（关键词：适期早播；增施磷钾；防除杂草；巧防虫害）

荞麦种植历史悠久，由于生长期短（110天左右），是作物倒茬，特别是灾害年份搞好生产自救的重要措施之一。荞麦不仅是山区人们的传统食品，而且是制作珍贵食品的原料，同时还具有重要的药用价值。现将主要栽培技术介绍如下：

一、选用良种

要选用品质优良、丰产潜力大、耐旱耐肥、抗病抗倒、生育期

90 天左右的品种。如日本北海道荞麦、牡丹荞、榆 3－3 等品种。

二、精细整地，施足底肥

前茬作物收获后及时深耕整地，施足底肥、培肥地力。一般亩施有机肥 1000～1500 千克或复合肥 15～20 千克，或碳铵 30 千克、过磷酸钙 40 千克作底肥一次施入。

三、适时播种，提高播种质量

秋荞适宜播期：海拔 1000～1200 米地区 7 月 10～15 日，最迟播期 7 月 20 日；700～1000 米地区 7 月 15～20 日，最迟 7 月 25 日前。播前搞好选种、晒种，播种以撒播为主，也可宽幅条播，播量每亩 4～6 千克为宜。播后及时覆盖薄土，利于苗齐、苗匀、苗壮。

四、加强田管

一是播种出苗后对稠苗处适当疏苗，同时拔除杂草，每亩留苗 8 万～10 万株；同时结合除草，亩施尿素 4～5 千克，促进生长；二是做好病虫防治。荞麦主要虫害是荞麦钩翅蛾，在荞麦现蕾和始花期（9 月 15～20 日左右），每亩用 40～50 克生物农药 BT 可湿性粉剂对水 40 千克喷雾。

五、辅助授粉

荞麦是异花授粉作物，人工辅助授粉能显著提高产量。其方法是：在盛花期的上午 8～10 时，用较软的布条，两端由人拉着，让布条顺植株顶端拂过，晃动植株，即可起到人工授粉的作用。每隔 2～3 天 1 次，连续 2～3 次，可增产 10% 以上。

六、适期收获

荞麦籽粒成熟很不一致，往往基部籽实已完全成熟，而顶部还在开花。因此，最适宜的收获期是全株有 2/3 的籽实成熟，籽粒呈现本品种固有的颜色时，就应收获。过早或过迟收获对产量和品质都有影响。

第八节 “双低”油菜高产栽培技术

（关键词：培育壮苗；早栽早管；增施磷硼；巧防病虫）

油菜是主要油料作物，其中“双低”油菜占油菜总种植面积的80%以上。为了达到每亩150～200千克的产量，商品油菜籽芥酸含量不高于5.0%，饼粕中硫代葡萄糖甙含量不高于45微摩/克，卫生品质达到国家食用菜籽油卫生标准的生产目标，应重点抓好以下关键技术措施：

一、选用“双低”品种，合理品种布局

选用优质高产“双低”品种，应以当年市县农业部门确定的主推品种为主，选择秦油、中油、德油、蓉油系列品种，做到合理轮作倒茬，集中连片种植。

二、适期播种，稀播匀播

1. 适期播种

适期播种是培育壮苗的主要措施之一，选择土壤肥沃，地势稍高，排灌方便的旱地或菜园地做苗床。每亩大田备0.15～0.2亩苗床地，播前1周翻耕晒垡，每亩苗床地施入腐熟的有机肥1500～2000千克，过磷酸钙50～60千克，尿素5～10千克。并按1.5米宽做畦。播种前清理畦沟，平整畦面，播量每亩0.4～0.5千克，播时拌种子量4～5倍熟土与种子混合均匀播种，播

后轻扦畦面。播种时间:丘陵区8月25日左右为宜,生育期短的品种可适当迟播。

2. 科学管理,培育壮苗

播种后保持苗床湿润,确保全苗。一叶一心期间苗,三叶一心期定苗,每平方米留苗80~100株。定苗后每亩用15%多效唑40克对水50千克喷雾,五叶期每亩用人粪尿20~30担泼施,移栽前1周追施尿素0.8~1.0千克。遇连阴雨天气及时排干苗床积水防止化苗。苗床地发生蚜虫、菜青虫为害时,每亩用5%锐劲特悬浮液5毫升对水喷雾防治。壮苗标准:苗龄35~40天,绿叶6~8片,根茎粗0.5~0.6厘米,叶柄短,整齐一致,无高脚苗,无病虫害。

三、抢时早栽,合理密植

1. 适时早栽,合理密植

10月5~15日抢墒移栽,平川丘陵区行距60~70厘米,株距25厘米,穴栽双苗,保证亩栽6000~8000株;山区行距60~70厘米,株距25厘米,穴栽双苗,保证亩栽8000~9000株。

2. 提高移栽质量

水稻收获后及早翻犁晒垡,移栽前精细整田,开好边、中、腰沟,做到沟沟相通。移栽时做到边起苗、边移栽、边浇定根水,大小苗分开,防止以大欺小;拉绳定距,根要直,棵要正,不栽高脚苗、瘦弱苗和病苗。

四、配方施肥

结合整田,在亩施腐熟有机肥1500~2000千克基础上,施碳铵30~40千克,磷肥40千克,钾肥5~6千克,硼肥1千克。其中总氮量的50%作底肥与磷肥、钾肥、硼肥一次施入;总氮量的20%作苗肥、30%作腊肥分别于返青活棵后和越冬时施入,大力提倡使用油菜专用肥。

五、加强大田管理

1. 加强管理,促进"秋发冬壮"

成活返青后浇一次淡尿水提苗,11 月上旬亩追施尿素 5 千克或碳铵 15 千克促进冬前生长,元月上旬结合冬灌亩追施尿素 8 千克作腊肥。蕾薹期每亩用磷酸二氢钾和硼砂各 100 克加多菌灵 100 克对水 15 ~ 20 千克均匀喷雾,起到增角增粒增重的作用。

2. 中耕除草

苗期进行一次浅中耕,疏松土层,清除杂草。12 月中下旬在冻土之前挖行,松土深中耕,促进油菜冬前快速生长。蕾薹期田管的重点是搞好培土壅行,防止后期发生倒伏。

3. 防治病虫害

(1)防治地下虫害。主要防治蟋蟀。可在播前整地时亩用油渣或豆渣、花生渣、煮半熟晾干的谷子 1.5 ~ 2 千克,拌 50% 辛硫磷乳油 200 ~ 250 克制成毒饵,或将 2 千克麦麸和 0.5 千克油渣混合,滴几滴菜油炒香,再将 90% 的晶体敌百虫 50 克用温水化开与之混合配成毒饵,撒施田间耙入土中诱杀。

(2)油菜苗期主要防治蓝跳甲、菜青虫、蚜虫、小菜蛾等,春季防虫以蚜虫为主。防治蚜虫用 40% 氧化乐果 2000 倍液喷雾效果较好,初花后防治蚜虫用 10% 吡虫啉 2500 倍液喷雾。提倡使用微生物杀虫剂防治。

(3)菌核病防治。采取合理轮作,培育壮苗,控制氮肥施用,春季中耕培土,薹花期摘除枯黄老叶、病叶等措施,并辅之以初花期适当的药剂防治,可取得良好效果。初花期可用 25% 多菌灵粉剂 150 ~ 200 克或甲基托布津 100 克,对水 20 ~ 30 千克喷雾 1 次。花谢掉 70% 时打掉分枝以下长、短及无柄"三叶",减少病菌传播途径。

六、适时收获

油菜主花序角果转现枇杷黄色，种皮变成黑褐色时，可抢晴收获，即“八成黄，十成收”。要改变收“火菜籽”陋习，防止遇阴雨在田间霉烂发芽造成损失。抢晴收获后在院场堆垛4~5天，堆顶加盖防雨层，抢晴摊晒、脱粒，晒干风净后入仓。

第九节　农作物常见病虫害的识别与防治

一、小麦病虫害

（一）小麦条锈病

小麦条锈病俗称“黄疸病”，是小麦生产上分布广、传播快，为害面积大的重要病害之一。

症状：小麦条锈病主要发生在叶片上，其次是叶鞘和茎秆，穗部、颖壳及芒上也有发生。苗期染病，幼苗叶片上产生多层轮状排列的鲜黄色夏孢子堆。成株叶片初发病时夏孢子堆为小长条状，鲜黄色，椭圆形，与叶脉平行，且排列成行，像缝纫机轧过的针脚一样，呈虚线状，后期表皮破裂，出现橘黄色粉状物，散出鲜黄色粉末，即夏孢子。后期病部产生黑色冬孢子堆。

传播途径和发病条件：小麦条锈病菌主要以夏孢子在小麦上完成周年的侵染循环。具有很强的寄生专化性，目前尚未发现病菌的转主寄主。秋苗的发病开始多在冬小麦播后1个月左右。秋苗发病的迟早及多少，与菌源距离和播期早晚有关，距越夏菌源近、播种早则发病重。只要我县冬前能见到病叶,来年均为中度以上发生。

防治方法:该病是气传病害,必须采取以种植抗病品种为主,药剂防治和栽培措施为辅的综合防治策略,才能有效地控制其为害。①选用抗病品种,做到抗源布局合理及品种定期轮换。②农业防治:适期播种,适当晚播,不要过早,可减轻秋苗期条锈病的发生。增施有机肥,氮磷钾合理搭配。③药剂防治:近年主要推广三唑酮、特谱唑等。a. 药剂拌种:用种子重量0.3%(有效成分)三唑酮,即用15%三唑酮可湿性粉剂100克干拌麦种50千克。b. 春季叶面喷雾:小麦拔节或孕穗期病叶普遍率达2%~4%时,开始喷洒20%三唑酮乳油或12.5%特谱唑或25%丙环唑乳油,做到普治与挑治相结合。

(二)麦蚜

麦蚜,俗称腻虫,主要有麦二叉蚜、麦长管蚜和禾缢管蚜3种,属同翅目蚜科。是为害小麦的主要害虫之一。麦蚜密集在麦叶和麦穗上为害,吸食麦叶和麦粒汁液,使叶片变黄,籽粒不饱满。蚜虫排出的粪便污染叶片,严重影响光合作用,导致小麦减产,品质下降。一般高温、干旱的气候条件对其发生比较有利。为害有两个高峰期:苗期和抽穗期。

防治指标:蚜株率超过30%或百株蚜量达到1000头时,应采取药剂防治,控制其发生及繁殖。药剂防治:可选用吡虫啉、高渗吡虫啉、特灭蚜虱、抗蚜威等。

二、水稻病虫害

(一)水稻稻瘟病

稻瘟病又称稻热病,是水稻上为害最重的病害之一。一般流行年份减产10%~20%,大流行年份减产40%~50%,对水稻生产威胁很大。稻瘟病在水稻整个生育期都可发生,根据发病部位不同,可分为苗瘟、叶瘟、节瘟、穗颈瘟、谷粒瘟。病菌以菌丝和分生孢子在病稻草上和病谷上越冬,病稻草是次年病害初侵染源。

1. 症状

苗瘟:发生于秧苗三叶期前,主要由种子带菌引起,病苗基部呈灰黑色,终至枯死。

叶瘟:发生于三叶期后的秧苗或成株叶片上,一般从分蘖至拔节期盛发,叶上病斑常因天气和品种抗病力的差异,在形状、大小、色泽上有所不同,可分为慢性型、急性型、白点型和褐点型4种,其中以前两种为害最重要。慢性型病斑呈菱形或纺锤形,一般长1~1.5厘米,宽0.3~0.5厘米,红褐色至灰白色,两端有坏死线。急性型病斑近圆形或不规则形,暗绿色,病斑背面密生灰色霉层。急性型病斑的出现可视为田间病害大流行的先兆。

节瘟:发生于茎节上,黑色,病节干缩凹陷,易折断。潮湿时生灰色霉状物。

穗颈瘟:发生在穗颈、穗轴及枝梗上,病部成段变褐坏死,穗颈、穗轴易折断成白穗。群众称之为"咬颈"。

2. 防治措施

选用抗病良种是防治稻瘟病的一项经济有效的措施。加强健康栽培,合理施用氮肥,多施有机肥,配施磷钾肥,分蘖后期适度晒田,抽穗期不断水,后期合理干湿管理,也是防治稻瘟病的有效措施。

药剂防治的策略是注意防治苗瘟,巧治叶瘟,狠治穗瘟。穗瘟是药剂防治的重点。防治水稻叶瘟,可在发病初期施药,每亩用20%三环唑可湿性粉剂75~100克或16%井酮·三环唑100克;防治穗颈瘟,在破口前3~5天亩用16%井酮·三环唑100

克或40%稻瘟灵乳油100毫升对水30~40千克喷雾。

(二)水稻螟虫

俗称钻心虫,其中发生普遍较严重的主要是二化螟、大螟和三化螟。大螟、二化螟除为害水稻外还为害玉米、小麦等禾本科作物,三化螟只为害水稻。

1. 形态识别

螟虫一生分为成虫、卵、幼虫和蛹4个阶段,只有幼虫阶段才蛀食稻茎。二化螟幼虫身体淡褐色,背部有5条紫褐色纵线;三化螟幼虫黄白色或淡黄色,背中央有一条绿色纵线。

2. 为害症状

3种螟虫均以幼虫蛀食水稻,在苗期和分蘖期蛀茎形成枯心苗,或蛀入叶鞘,使被害处出现黄褐色条斑,形成"枯鞘"。如在孕穗期蛀茎,形成枯穗;抽穗后蛀茎,穗茎节受害时形成"白穗",使产量受损。反之,则形成"虫伤株",造成的损失较轻。

3. 防治方法

水稻的分蘖期和孕穗期为水稻易受螟害的"危险生育期"。

防治水稻螟虫要采取二化螟挑治一代,重防二代;三化螟重防三代的措施。

深水灭螟:在螟虫盛孵和化蛹前,田间只留遮泥水,使蚁螟为害或化蛹部位降低,盛孵或化蛹高峰后,猛灌深水13~16厘米,可消灭大量螟虫幼虫。

防治药剂:杀虫双水剂,锐劲特或杀虫双颗粒剂或2%阿维菌素EC 75~100毫升+40%水胺硫磷EC 75~100毫升,对水30千克喷雾。

(三)水稻稻水象甲

稻水象甲是国家检疫对象,目前已在我县大面积发生。稻水象甲一生分为成虫、卵、幼虫和蛹4个阶段。

1. 形态特征及为害状

(1)成虫:属鞘翅目象甲科象甲属,体长 2.8~3.2 毫米,体壁黑色,密被灰绿色鳞片,前胸背板肩突明显,背板中区至鞘翅末端 1/3 处的背部鳞片黑色,组成明显的广口瓶状斑,鞘翅有 6 条纵沟,鞘翅不能覆盖臀板。为害状:主要为害稻叶,成虫沿水稻叶脉啃食叶肉或幼苗叶鞘,一般从正面取食。被取食的叶面仅存透明的表皮,故在叶面形成长条斑,长不超过 30 毫米,宽 0.38~0.8 毫米,斑纹两端钝圆,比较规则。

(2)幼虫:老熟幼虫体长约 10 毫米,白色,无足。头部褐色,体呈新月形。腹部 2~7 节背面有呈向前伸的钩状气门。为害状:低龄幼虫在稻根内蛀食,使稻根呈空洞状;高龄幼虫在稻根外部咬食,将根系拔起,漂洗时可见许多碎断根。幼虫食害稻根后,植株矮小,分蘖减少,极易被拔起。为害严重时,稻根被吃光,植株枯死。

(3)卵:长约 0.8 毫米,圆柱形,两端圆,略弯,珍珠白色。

(4)蛹:白色,大小和形状近似成虫,在似绿豆形的土茧内。

2. 生活史

稻水象甲在我县 1 年 1 代,以成虫在稻茬、稻草、稻田周围禾本科杂草、落叶下及附近的草地越冬,越冬成虫 4 月份开始活动,向秧母田迁入。插秧后 7 天左右,是迁入本田的高峰期,同期或稍后是成虫产卵高峰期,7 天左右孵化,幼虫期约 1 个月,老熟幼虫附着稻根结茧化蛹,新羽化成虫飞到稻田及四周寻找幼嫩杂草取食,以备越冬。

3. 发生特点

一是世代不整齐,成虫、卵、幼虫、蛹 4 个虫态重叠明显;二是孤雌繁殖,成虫不用交配就能产卵繁殖;三是寄主广、食性杂,可取食水稻、稗草、玉米、茅草等禾本科、莎草科、灯芯草科、泽泻科、鸭趾草科等9科31种杂草；四是传播途径广，可随风、水流、稻草、稻苗、稻谷、稻壳及交通运输工具和草制品包装物远距离传播。

4. 防治措施

坚持“早发现，早防治，早扑灭”的原则，采用农业、物理、化学药剂相结合的综合防治措施。防治不受防治指标限制，最大限度地控制为害。防治策略：以化学防治为主，狠抓越冬代成虫，重治幼虫，控制新一代成虫。田间防治包括秧田、大田、田埂及田块周边杂草，其中秧母田是防治的重中之重。

（1）秧母田防治：4月下旬至5月上旬，对越冬代成虫防治2次。5月下旬对成虫防治1次，兼治新孵化幼虫，可以用成、幼虫兼治药剂。用药范围除秧田外，还要对秧田周边田埂、渠坎、杂草同时喷药防治。

（2）大田插秧期防治：插秧7天后，对本田及附近田埂、沟渠边杂草喷药防治1次，防治对象以幼虫为主，兼治成虫。可以用防成虫、幼虫药剂混合一次性施用，或使用具有兼治作用的药剂。

（3）新一代成虫羽化期防治：6月下旬、7月上中旬新1代成虫羽化盛期，对大田及附近田埂、沟渠边杂草防治一次，防治新一代羽化成虫。

防治成虫：亩用25%阿克泰水分散粒剂4克，或5%锐劲特60毫升，或20%三唑磷100毫升，对水50千克，进行叶面喷雾。同时可亩用喷雾药量的5倍对水300千克，进行均匀泼浇，杀灭水中的成虫。喷药时间应以早上7~10时、下午6~8时为佳。

成幼虫兼治：亩用25%阿克泰水分散粒剂4克，或20%三唑磷100毫升，对水50千克，进行叶面喷雾。同时亩用10%辛拌磷颗粒剂1千克，或乐斯本颗粒剂1千克，拌20~30千克细土均匀撒施,并保持3~5厘米水深7~10天。

幼虫防治:亩用辛硫磷颗粒剂1千克或乐斯本颗粒剂1千克拌20~30千克细土,均匀撒施,并保持3~5厘米水深7~10天;无水田块可亩用25%阿克泰水分散粒剂4克或18%杀虫双水剂250毫升对水50千克,均匀喷雾,药液量应以叶片滴水为准。

三、油菜病虫害

(一)油菜菌核病

油菜是我国主要的油料作物,油菜菌核病是油菜生产中的重要病害之一,常年株发病率高达10%~30%,严重的达80%以上;病株一般减产10%~70%。

1. 发病症状

成株期叶片发病时病斑呈圆形或不规则形,中心灰褐色或黄褐色,中层暗青色,外缘具有黄晕。在潮湿情况下迅速扩展,全叶腐烂。茎部感病后病斑呈梭形,略有下陷,中部白色,边缘褐色。在潮湿条件下,病斑发展非常迅速,上面长出白色菌丝。到病害晚期,茎髓被蚀空,皮层纵裂,维管束外露,极易折断,茎内形成许多黑色鼠屎状菌核。重病株全株枯死,轻病株部分枯死或提早枯熟,种子不饱满,产量和含油率降低。当油菜因长势过旺而倒伏时,则病害更加严重。

2. 防治措施

①选用抗病品种。②开春后及时摘除老、黄病叶,盛花末期及时彻底摘除“三叶”,即长柄叶、短柄叶、无柄叶。③药剂防治:在油菜开花期,病叶率达10%以上,病株率在1%以上时开始喷药防治。常用药剂有:多菌灵、菌核净、甲基托布津等。

(二)油菜蚜虫

俗称蜜虫、腻虫、油虫等。我县为害油菜的蚜虫主要有桃蚜、萝卜蚜(又称菜缢管蚜)和甘蓝蚜3种。以桃蚜为主,萝卜蚜次之,甘蓝蚜最少。油菜蚜虫在我县的为害有两个比较明显的阶段:第一阶段在油菜移栽后,约在11月份,主要为害菜苗;第二个高峰期在油菜抽薹至开花期,主要为害枝梗,造成主枝上部发育不良,角果瘦小,甚至不结实,对产量影响很大。

防治方法:11月加强检查,发现为害及时喷药。春后油菜抽薹开花期,加强检查,一旦发现虫口密度大,应及时喷药。如果1次不行,隔7天左右再喷药1次,尽量防止蕾、薹受害,减少损失。防治药剂:氧化乐果、吡虫啉、辟蚜雾、敌敌畏等。

四、玉米螟虫防治

防治方法:①收获后及时处理过冬寄主的秸秆,一定要在越冬幼虫化蛹羽化前处理完毕。②喷洒25%灭幼脲3号悬浮剂600倍液或BT.乳剂,每亩每克含100亿以上孢子的乳剂200毫升,也可制成颗粒剂撒施。当春玉米心叶末期花叶株率达10%时进行普治,超过20%或百株着卵30块以上时需再防1次。夏玉米心叶末期防1次,穗期当虫穗率达10%或百穗花丝有虫50头时要立即防治。药剂可选用50%辛硫磷乳油500毫升加适量水,与25千克过筛的煤渣或沙土拌和均匀,每株喇叭口内撒颗粒剂1~2克,或0.1%功夫颗粒剂每株0.16克。也可喷洒40%七星保乳油800倍液,或40%增效速灭杀丁,或5%来福灵乳油2000倍液,此外还可选用滞留熏蒸法。上述方法中最主要的是减少玉米螟越冬基数,才能有效防止玉米螟的发生,从而使虫害的发生降低到最小。

五、马铃薯病虫害

(一)马铃薯晚疫病

1. 症状

主要侵害叶、茎和块茎。叶染病:先在叶尖或叶缘产生水渍状褐色斑点,病斑周围具浅绿色晕圈,湿度大时病斑迅速扩大,呈褐色,并产生一圈白霜,即孢子囊梗和孢子囊,干燥时病斑干枯,不见白霜。茎或叶柄染病:出现褐色条斑,重者叶片萎垂、卷缩,致全株黑腐,全田一片焦枯。块茎染病:呈褐色或紫褐色大块病斑,稍凹陷,病部皮下薯肉呈褐色,并向四周扩大或烂掉。病原为鞭毛菌亚门真菌,致疫病霉菌。以分生孢子或菌丝在病残体或带病薯块上越冬,病部产生孢子囊借气流传播,进行再侵染,蔓延迅速。病叶上的孢子囊随雨水或灌溉水浸入土中,侵染薯块,成为来年主要侵染源。

2. 发病条件

病菌适宜日暖夜凉高温条件,相对湿度95%以上,气温18～22℃有利于发病。因此多雨年份,空气潮湿或温暖多雾发病重。

3. 防治方法

选用抗病品种(早熟均不抗),选用无病种薯,减少初侵染源。化学防治:发病初期喷洒72%霜克600～800倍液,或70%代森锰锌800～1000倍液,或72%克露700～800倍液,或64%杀毒矾500倍液,或58%甲霜灵锰锌500倍液,每周1次,连防2～3次。

(二)马铃薯二十八星瓢虫

以为害茄子和马铃薯为主,典型特点就是背上有28个黑点(黑斑),这是与其他瓢虫最显著的区别,常发生于山间地带及其附近。5～6月大量发生,为害严重。亦可为害茄科作物,成虫有假死性,药剂喷布时要保持安静,以便药剂直接喷施至成虫身体上。

防治方法:①产卵盛期摘除叶背卵块;利用成虫的假死习性,拍打植株,用盆桶接坠落之虫集中加以杀灭。②田间卵孵化率达15%～20%时,用药剂防治。可选用80%敌敌畏乳油,或90%晶体敌百虫,或2.5%溴氰菊酯乳油,或20%氰戊菊酯,或40%菊马乳油3000倍液,叶面喷雾。

蔬菜篇

蔬菜是人民群众生活不可缺少的重要食品，蔬菜产业是现代农业的重要组成部分，也是劳动密集型产业。发展蔬菜产业是实现农民增收、农业增效、农民脱贫的重要途径。近年来，国际、国内市场对蔬菜的需求显著增加，尤其是城郊无公害蔬菜、设施蔬菜、反季节蔬菜。要提高对发展蔬菜产业重要性的认识，将发展蔬菜产业作为解决人民群众最关心、最直接、最现实的问题之一，尤其是根据当地实际，因地制宜发展高山反季节蔬菜、川道春提早蔬菜，依靠科技，实现增收。

第一节 无公害蔬菜栽培技术

无公害蔬菜也叫洁净蔬菜、卫生蔬菜、安全蔬菜、无污染蔬菜等，是安全、卫生、营养类蔬菜的总称。为了规范蔬菜生产重点环节及化肥、农药的使用，最大限度地减少环境及产品的污染，确保蔬菜产品的食用安全，根据无公害蔬菜生产的相关标准，在生产过程中应注意以下几方面的问题：

一、选用抗病虫品种

品种间抗病性差异明显，耐虫性也有差异，选用抗病虫能力强的品种能有效减少病虫害的发生，降低防治成本。蔬菜生产应遵循抗病→优质→高产的原则选择种植的具体品种。

二、种子消毒

主要采用阳光下晾晒杀菌、1% 石灰水浸种和 50 ~ 55℃ 温水浸种 15 ~ 30 分钟 3 种消毒方法。苗期易发生病害的番茄、瓜类，也可使用 40% 甲醛 100 倍液浸泡 10 ~ 15 分钟。

三、土壤处理

1. 苗床处理

首先，人工清理干净未完全腐烂（熟）的前茬作物根、茎、叶、果实及农地膜等杂物，减少病虫来源。其次，结合育苗整地施肥，深翻细耙后，在墒好时可盖上农膜，封闭杀菌 3 ~ 5 天再揭膜，晾晒 3 ~ 5 天进行播种。

2. 大田处理

方法同苗床处理。此外,还可适当采用 2% 的福尔马林喷雾土壤或用低毒低残留的多菌灵、杀虫双粉剂结合整地进行大田杀菌灭虫。

四、改进栽培管理方式

1. 合理轮作

各种蔬菜都要实行 3 年以上轮作倒茬,可有效减轻病虫害,提高产量。同科蔬菜在同一地块一年只种一茬,后茬改种不同科种蔬菜。同地块倒不过茬,应用抗重茬药剂 NEB(恩益碧)进行土壤处理。

2. 清洁田园

蔬菜生长期及时清除病株、病叶、病果集中烧毁或深埋,适时疏掉下部(外部)老叶(枝),增加大田通风透光能力。

3. 选地与施肥

蔬菜生产应选择土层深厚、土壤充分熟化、肥沃、排灌方便、阳光充足的地块。施肥应以有机肥(农家肥)为主,不施或少量补充化肥。

(1)亩施腐熟的农家肥 2500 千克,配合施入过磷酸钙 20 ~ 25 千克,硫酸钾 10 ~ 15 千克,保证全生育期供肥平衡。

(2)禁止使用硝酸盐类肥料(如硝酸铵、硝酸钾等)和医院、工业区垃圾等有污染的垃圾肥料及未发酵腐熟的人粪尿。

(3)在蔬菜收获前 20 天不得使用速效氮肥。在生长期结合苗情可适时进行叶面喷肥补充养分。

(4)积极推广测土配方施肥技术。

4. 科学管理

(1)选择最佳播期。每种蔬菜都有最适宜的生长季节,无反季节栽培设施的种植户,应严格按品种特性选择最佳播种期,不随意提前或延后,以提高自身抗逆力和产品品质。

(2)实行垄作和畦作。块根、块茎类蔬菜采用高垄栽培,叶菜类及其他蔬菜采用畦作(即“井”形),确保四周通风,扩大边际效应,降低湿害和病虫害。

(3)合理浇水。蔬菜应采取抗旱式栽培,在充分排渍降湿条件下,严重干旱时应采取人工喷浇或浇灌补充水分,防止大水漫灌和泼浇。同时,禁止使用工业废水、垃圾污水。

五、科学防治病虫害

1. 及时拔除病虫株

发生病害和害虫集中为害的植株应及时拔除,病株拔出后应立即撒上石灰消毒,减少传播源。

2. 物理防治

蔬菜生长期间采用黑光灯、振频式杀虫灯、遮阳网、防虫网杀灭和防止害虫进入。

3. 积极推广植物源农药

用苦楝树叶 1.5 千克捣烂,加水 2 千克过滤去渣后再加水 40~50 千克喷雾,防治菜青虫、菜蛾。用 20 克大蒜或辣椒粉碎,加水 10 千克过滤喷雾,防治红蜘蛛、蚜虫等。

4. 生物农药防治

生物农药具有安全、广谱、高效不污染、易分解、无残留、持效长、对天敌影响小等特点,是蔬菜病虫害防治的主要农药类型。杀虫药剂有:BT 粉、阿维菌素、除虫菊酯、昆虫激素(米螨、抑太保、卡死克)等。杀菌药剂有:农用链霉素、农抗 120、新植霉素等。

5. 正确使用化学农药

化学农药的使用是蔬菜病虫害大发生时所采用的一种辅助手段，应把握"三准"（识别病虫准、选药准、防治时间准），避免滥用导致环境污染和残留。

(1)允许使用的化学农药。杀虫剂：氧化乐果、敌百虫、辛硫磷、杀虫双、杀虫单、吡虫啉。杀菌剂：多菌灵、托布津、克露、大生、福量等。

(2)禁止使用的化学农药，农药店已经逐步退市。

(3)严格按安全间隔期使用农药。一是允许使用的化学农药也应严格控制安全期。有机磷类（乐果、敌百虫、辛硫磷）在收获前 20 天禁用；吡虫林、杀虫双、杀虫单在收获前 7 天禁用；生物农药在收获前 3 天禁用，其他在收获前 10 天禁用。二是同一种农药在同一种蔬菜的生长周期内使用次数不得超过 2 次。

第二节　豆类蔬菜栽培技术

豆类蔬菜包括豇豆、菜豆（四季豆）、扁豆、菜豌豆、蚕豆等。其中豇豆、菜豆和菜豌豆与人们的生活关系密切，其无公害栽培技术如下：

一、产地选择

无公害豆类蔬菜生产的产地环境必须符合绿色食品环境条件要求，而且前 3 年没有种过豆科蔬菜。

二、品种选择

豇豆常用品种有:之豇 28 -2、宁豇 3 号、杨豇 240、特长 80、新小叶 28 -2 等。菜豆常用品种有:河南肉豆角、泰国架豆王、美国供给者、白荚棒豆王等。菜豌豆常用品种有:食荚大豌 1 号。

三、播种

我县豇豆和菜豆的生产一年可以种三茬。春茬保护地育苗、露地栽培;夏茬和秋茬则全是露地直播栽培。菜豌豆一年只种一茬,全是露地栽培。由于茬口不同,播种期也不同。对于春茬的菜豆和豇豆,一般于 2 月下旬到 3 月上旬之间,于大棚内营养钵(肥团)育苗,每穴播 2 ~3 粒种,出苗后定苗 2 株。播种前,先给营养钵浇透水,待水落干后即可播种,然后再盖 1 厘米厚的湿润营养土即可。

四、整地和定植

前茬作物收获后,犁地冻垡或晒垡,于定植前 1 周开始整地。结合整地重施基肥,一般亩施充分腐熟的粪尿 100 ~ 150 担,碳铵 50 千克,钾肥 15 千克,或亩施人粪尿 100 ~150 担,再加施三元复合肥 40 ~50 千克,然后将地耙磨平整,准备做畦。

做畦时,要拉绳定距,畦宽 1.2 米(包沟、沟宽 20 厘米),畦面应平展,无作物根茬和石块等,上覆 80 厘米宽地膜,使畦面宽超过地膜宽,这样利于压紧地膜和便于浇水。地膜铺好后,用打孔器按 55 厘米 ×35 厘米打定植孔,把营养钵苗放入定植孔中,将苗子扶正、培土,然后浇定根水,至此,定植结束。

五、田间管理

在施足底肥的基础上,豆类的田管比较简单,只有打杈、掐叶、防病虫和浇水。

(一)打杈、掐叶

发生于叶腋间的侧枝称为杈。它消耗营养,应除去。基本原则是见杈就打,一直打到架杆交叉处。需要注意的是,要分清花芽和杈,不要把花芽当杈去掉。菜豆还应掐老叶,将下部过密的叶片掐去,以利通风透光。

(二)防病虫害

豆类的虫害主要有豆荚螟、豆蟓、蚜虫,病害主要有锈病、灰霉病、花叶病毒病、炭疽病等。其中灰霉病主要发生于春茬上,其余主要发生于夏秋茬上。防治办法:

1. 农业防治措施

(1)温汤浸种:把种子在55℃的热水中浸泡15分钟,以杀死种子所带的病原菌。

(2)轮作倒茬:与非豆科作物实行3年以上轮作。

(3)立茬冻垡或晒垡:前茬作物收获后,立即翻耕,以犁坯形式冻垡或晒垡,以减低虫源和病源基数。

2. 化学防治措施

(1)虫害:首选生物农药,如除虫菊酯、鱼藤酮、烟碱、印楝素、川楝、苦楝素、BT等。次选矿物源农药和有机合成农药,如一遍净、敌杀死、氯氰菊酯、杀虫单等。严禁使用禁用农药。

(2)病害

①菜豆灰霉病

本病苗期和成株期都可发生,叶子被害,初呈水渍状并下垂,以后叶子边缘产生白灰色霉层,病斑枯黄,如"V"字形。茎蔓被害,先在根颈处产生云纹斑,病部周围呈深褐色,中间呈淡棕色,湿度大时,病斑上密生灰色毛霉层。有时病菌从茎蔓分枝处侵入,造成分枝呈水渍状凹陷,甚至萎蔫。

防治方法：首选多氧清（多氧霉素、多抗霉素），次选速克灵、扑海因以及含有这两种农药的复配剂。

②豆类锈病

本病害可为害菜豆、豇豆、豌豆、蚕豆。主要为害叶片，严重时可为害茎和豆荚。叶片被害，开始产生黄白色褪绿小斑点，后呈锈褐色，隆起小疱状病斑，扩大后呈圆形红褐色的丘状突起。病斑表皮破裂，散出红锈色粉末。后期在茎、叶柄、叶、荚上长出褐黑色锈状条斑，表皮破裂后，散出黑褐色粉末。严重时，茎叶提早枯死。

防治方法：首选多氧清（多抗霉素、多氧霉素），按说明施用。次选15%粉锈宁1000倍液，或25%粉锈宁2000倍液，或45%微粒硫黄胶悬剂400~500倍液，每6~7天喷雾1次，连喷2~3次。

③豆类病毒病

本病在豇豆和菜豆上普遍发生，但以豇豆上发生更为严重。本病从苗期至成株期均可发生。苗期发病，叶片呈花叶畸形，叶面皱缩严重，植株矮缩；成株期被害，叶片上呈现黄绿相间的花斑，严重时，植株矮化，开花结荚少，且荚也细短，产量明显下降。

防治方法：首选菌克毒克（宁南霉素），次选病毒K、病毒A等，按说明施用。

④菜豆炭疽病

本病在菜豆的整个生育期都可为害。

苗期被害，于叶子上部产生红褐色至黑色圆形斑，凹陷成溃疡状。叶片发病，多发生在叶背的叶脉上，叶脉常发展成多角形的小条斑，病斑初为红褐色，后为黑褐色，畸形、萎蔫后枯死。茎上发病，常呈条状锈色斑，凹陷或龟裂，常使叶子折断。豆角被害，病斑常呈暗褐色近圆形，边缘有深红色的晕圈，潮湿时，病斑分泌出肉红色的黏稠物。

防治方法：首选多氧清(多抗霉素、多氧霉素)或“农抗120”200倍液。次选75%百菌清600倍液，或50%甲托500倍液，或50%多菌灵500倍液，或炭疽福美600倍液，连续交替喷雾3～4次。

(三)浇水

豆类蔬菜在施足底肥的基础上，可不施追肥，故后期水肥管理上只需看墒情浇水，保持田间见干见湿即可。

第三节　白菜类蔬菜栽培技术

本类蔬菜有大白菜、小白菜、乌塌菜、菜薹、花椰菜(菜花)、青花椰菜(西蓝花)、芥菜等10多种，这里只介绍大白菜的栽培技术。

一、品种选择

丰抗90、山东4号、山东7号、中白4号等。

二、整地施基肥

应及时深耕晒垡，翻耕深度为20～25厘米。结合施入基肥，亩施腐熟的厩肥2000～2500千克，过磷酸钙或复合肥25～30千克。厩肥可在耕前撒施60%，剩余40%于耙地前施入。有机肥不足的可采用集中施肥法，高垄栽培时，在做垄位置开沟施农家肥或碳铵(每亩25千克)，然后做垄；平畦栽培时，在播种沟开沟溜施农家肥，与土混合后播种。

三、合理密植

大白菜种植密度取决于所选用品种的特性。生育期 60 ~ 70 天早熟的小型品种,亩植 3000 ~ 4000 株;80 ~ 90 天的中熟、中型品种为 2000 ~ 2500 株;100 天左右的晚熟、大型品种为 1500 ~ 2000 株。行距在 50 ~ 70 厘米之间,株距在 40 ~ 60 厘米之间。

四、播种

生产上一般采用直播栽培,可采用条播和穴播。高垄条播时如墒情不足,可在高垄中间开 4 ~ 5 厘米的浅沟,顺沟浇足水,随即溜覆厚土,36 小时后用钉耙除去浮土,保持盖土 1.5 厘米左右。每亩播种量 150 ~ 300 克,穴播减半。播后隔沟灌水,降低地温。平畦或高畦墒足时,即开沟条播。穴播时顺行按株距开浅穴浇足水,水渗后随即点籽,盖细土厚 1.5 厘米左右,播后沟灌,第二天天晴继续灌水,全苗后若继续高温干旱再浇 1 次水。

另一种方法是育苗移栽。育苗移栽的苗期采取降温、避蚜措施比直播简易有效,有积极预防病毒病的作用。育苗方法有方块(肥团)和纸钵两种,以纸钵遮阴育苗为好,钵径 7 厘米以上,高 10 厘米。苗床宜选择在高燥、排水良好的肥沃地段,最好距离定植地块稍近些。苗床面积每亩需 30 ~ 35 平方米,种子用量100 ~ 120 克。育苗播种期比直播提前 3 ~ 5 天。苗龄 15 ~ 20 天,具有 5 ~ 6 片真叶为宜。若苗龄过大,在床内易徒长,起苗伤根多,栽后缓苗久,必然影响到产量的提高。定植时,最好选晴天下午进行。起苗宜带熟土,少伤根。垄作的挖穴、摆苗、浇水、覆土;平畦开沟溜水栽植。第 2 ~ 3 天连浇两水。雨后或大雨后初晴栽苗,都不利于缓苗。

五、田间管理

1. 全苗措施

苗全、苗齐、苗壮是丰产的基础。播后首先要防高温雨涝，需做到不使田间积水闷苗；其次要防干旱，避免引起“干芽”的发生；再次要针对缺苗断垄，及早补播或补栽。在正常情况下，播后3天基本上可达到齐苗。“三水齐苗”是保证全苗的有效措施。具体做法是播后当天浇一次水，供种子萌发用；胚轴顶土时浇二水，使土表湿润，利于出土；齐苗时浇三水，有利于弥土缝，护幼根。

2. 间苗、定苗

直播应抓好早间苗、分次间苗、适时定苗几项作业。间苗一般分别于拉十字、2～3叶、4～5叶时进行。间苗距离，条播的依次分别保持4～5厘米、7～9厘米、10～12厘米；穴播的每穴依次分别保持5～6株、3～4株、2～3株，并均于团棵时定苗。要求拔除稠密的弱苗、杂苗、病残苗，保留健壮、无病的纯正苗。缺苗处，及早补栽。

3. 中耕、除草

其作用在于促使田间土壤疏松、保墒、透气、灭草，促进土壤微生物活动和有机质分解，有利于幼苗和成株的健壮生长。中耕结合除草，一般于生长前期进行2～3次，分别于间、定苗和雨后操作。要求做到“深锄垄沟，浅锄垄背”，“湿锄深，干锄浅”，“开头深，中间深，开盘以后不伤根”。待外叶封垄后，须停止中耕，以免伤根、损叶；若有杂草，可随时拔除。

4. 追肥

苗期追肥的特点是以速效性氮肥为主，用量宜少，以弥补基肥发挥作用缓慢的不足。一般应结合间苗进行，第一次间苗后亩施硫酸铵 7～8 千克；若幼苗长势不匀，可于第二次间苗后，对弱、小苗追施一次偏肥。在地力差，基肥不足，选用生长期长的大型品种，播期偏晚的情况下，也可增施种肥。播种前将肥料撒入播种沟（穴）中，并与土壤混合均匀，每亩用尿素 2.5 千克对幼苗生长能起到促进作用。

莲座期是功能叶和根系健壮发育，叶球分化，为结球期奠定营养基础的转折时期。定植后在苗两侧开浅沟亩施碳铵 15～20 千克，或苗周围亩施尿素 8～10 千克或复合肥 10～15 千克。

结球期是需水肥最多的时期，追肥一般于结球前期和中期分 2～3 次进行，以前期为重点。每次用量以硫酸铵为准，每亩 15 千克左右，并注意磷、钾的适量配合。一般每亩用过磷酸钙及硫酸钾各 10 千克左右。

5. 灌溉

从播种到出苗，主要抓底水。幼苗期须抓浇水降温措施。

苗期浇水的要点是小水勤浇，忌大水漫灌；中午不浇，早晚浇，利于降低地温；不用河水用井水。莲座期浇水以见干见湿为原则。目的在于使土壤保持适度湿润、通气，以利于根系生长、叶片增存、多积累营养，并提高抗病力。结球期是叶球增重和需水量最多的时期，要保持水分的充分供应。一般于蹲苗后浇一次小水，不待地面发干，紧浇二水。以后要求地面经常保持湿润，在无雨的情况下，每隔 7～8 天浇一水，直至收获前 5～7 天停止。

6. 病虫害防治

（1）防病：

霜霉病：在连续阴雨天气，空气湿度大时，利于发生流行。发病初期可用 64% 杀毒矾可湿性粉剂，或用 75% 百菌清可湿性粉剂 400 倍液喷雾。

软腐病:发病初期可用72%链霉素3000～4000倍液,或70%敌克松500～1000倍液喷雾进行防治。霜霉病与白斑病混合发生时可用40%乙磷铝可湿性粉剂300倍液加25%多菌灵可湿性粉剂400倍液混用;与黑斑病混合发生时,可用50%扑海因可粉1500倍液与40%乙磷铝300倍液混用;与炭疽病混合发生时,可用75%百菌清可湿性粉剂1000倍液与80%炭疽福美可湿性粉剂800倍液混用。

(2)防虫:

防蚜虫可用10%吡虫啉每亩10克,对水40～50千克喷雾,要求对叶片的正反面、整个植株上下要喷到位,或选用黄色杀虫板诱杀。

第四节　结球甘蓝栽培技术

甘蓝又名包心菜、洋白菜、莲花白等。有适应性广、抗性强、耐寒、稳产高产、品质优良、耐贮运、供应期长等特点,故全国各地普遍栽培,以秋冬和春季甘蓝为主。近年来,由于各地大量选育和引进耐热品种,发展夏秋栽培、高山夏秋反季节栽培,都取得了良好效果。本节主要介绍秋甘蓝栽培技术:

秋甘蓝具有耐寒、抗病、适应性强、易贮耐运、品质好的特点,且生育期短、易管理、投入少、见效快,是秋季的主要蔬菜之一。种植技术要点如下:

1. 品种选择

秋甘蓝的生长期正是高温的季节,因此应选择耐热而生长期短的品种。可选用8398、中甘21、寒将军等。

2. 播种与育苗

秋甘蓝育苗期间高温、多雨、强光照,对幼苗出土生长极为不利,需采用遮阳网覆盖进行育苗。

(1)播种:秋甘蓝播种一般在6月下旬至7月上旬为宜。苗床要施足基肥,一般种植1亩甘蓝需苗床8~10平方米,做好苗床后,浇足底水,先按每平方米苗床用多菌灵10克,过筛细土4千克配制药土,做苗床时施入2/3药土,而后均匀撒播种子,一般每平方米均匀撒种5~8克,亩需种籽40~50克,播后撒施剩余1/3药土,播后及时做撒棚覆盖遮阳网,保持床土湿润,防止暴雨或阳光直射。

(2)苗期管理:出苗后及时揭盖遮阳网,晴天中午及时遮盖,上午10时前和下午4时后、多云天气时应不覆盖遮阳网。待幼苗长到2~3片真叶时,间苗1次,将生长过密的拔掉,保持一定间隔。间苗共进行2~3次,每次间苗后浇1次小水。若遇天旱,每天早晚浇水,同时施少量提苗肥,防止秧苗老化。

3. 定植

秋甘蓝苗龄30天左右,最高不超过35天。具有7~8片真叶时即可定植。定植前深耕平整土地,每亩施腐熟的有机肥2000~3000千克,加20千克复合肥。做成1米宽的高畦,栽2行。栽植后每天早晚浇水,保持地面湿润,以保证秧苗成活。一般株行距35厘米×40厘米,亩栽4500株左右。

4. 田间管理

秋甘蓝在生长期间,常遇高温、干旱天气或暴雨危害,因此,各项管理措施必须及时到位。

(1)水肥管理:定植后,浇1次缓苗水,进入莲座期,可结合浇水每亩施尿素20千克,促进茎叶生长;结球初期第二次追肥,每亩施优质复合肥25千克,此后每5~7天浇1次水;叶球生长盛期,第三次追肥,每亩施尿素25千克,促进叶球紧实。多雨天气及时排水降渍。

(2)中耕除草:从定植到封行前进行2~3次中耕与除草,以防土表板结或杂草滋生,同时进行培土。

(3)病虫害防治:主要病害有黑腐病、软腐病及霜霉病,其中黑腐病、软腐病属细菌性病害。

防治方法:叶面喷77%可杀得可湿性粉剂600倍液,或60%百菌通(琥、乙磷铝)可湿性粉剂600倍液,或72%农用链霉素可湿性粉剂4000倍液。霜霉病应在甘蓝莲座期预防,叶面喷施72%绿露可湿性粉剂500倍液,或72%杜邦克露可湿性粉400倍液。甘蓝生长后期易受蚜虫的危害,防治蚜虫可用40%氧化乐果乳油1000倍液,或25%扑虱蚜可湿性粉剂1000~1200倍液,或10%吡虫啉可湿性粉剂2000倍液喷雾。

(4)采收:当叶球达到紧实时,即可采收。采收前5天不浇水,以免发生叶球破裂,影响产量和品质。

第五节　葱蒜类蔬菜栽培技术

葱蒜类蔬菜栽培广泛,主要有大葱、大蒜、分葱(小葱)、洋葱、韭菜等,它们适应性强,耐寒又耐热,一年四季都可以种植。

本节主要介绍大葱栽培技术。

大葱为百合科葱属，是以叶鞘组成的肥大假茎和嫩叶为产品的 1 ~ 2 年生草本植物。大葱大体上分为秋播和春播两种，一般秋播大葱幼苗生长期较长，多在“白露”至“秋分”播种，从播种到定植约需 2 个月，若是在 10 月中下旬播种，则要到次年 3 月方可定植。春播在“清明”前后播种，从播种到定植需 60 多天，从定植至收获 90 ~ 120 天。采用春播，生长期较短，但只要管理得当，也可亩产 2000 ~ 3000 千克。

(一)品种

大葱的主要栽培品种有河北隆尧的鸡腿葱、山东章丘大葱、北京高脚白大葱、辽宁盖平大葱、陕西华县谷葱等。

(二)育苗

1. 整地施肥

一般整成宽 1.3 ~ 1.7 米，长 6 ~ 7 米的苗床，每亩施优质农家肥 2500 千克。

2. 播种

秋播在 9 月前后，可撒播或条播，每亩播种量 3 ~ 4 千克，选用当年新种子。春播在 3 月下旬至 4 月中旬。

3. 苗期管理

秋播要在越冬之前，幼苗应具有 2 ~ 3 片真叶，株高在 10 厘米左右，茎粗 0.4 厘米以下，这样既可避免或减少早期抽薹，又不致受冻死苗。幼苗前期管理应注意保持土壤湿润，促进生长。越冬前应控制浇水和施肥，防止徒长。

(三)定植

1. 定植时期

一般大葱播种 2 个月后即可定植。

2. 整地施肥

施肥量以产量来定，生产 1000 千克大葱的标准施肥量为：氮 5.0 千克，磷 3.75 千克，钾 5.0 千克。由于大葱喜欢有机肥，因此每亩可施腐熟的有机肥 2500 千克。大葱整地就地挖葱沟，结合挖沟将有机肥施入沟内为好。

3. 定植

多采用大垄宽行以利软化培土。按 45～60 厘米的行距挖好定植沟，沟深 30 厘米，沟宽 15～20 厘米，沟内施入基肥后将葱秧连续摆入沟中，亩用葱秧 250～300 千克。定植深度以不埋没葱心为宜，栽后浇水覆土。

（四）定植后管理

葱白的加长加粗是丰产的关键，而强壮的根系和繁茂的管状叶是葱白形成的基础。所以，大葱的田间管理措施主要是促根、壮棵和培土软化。因此，加强肥水管理是核心。

1. 肥水管理

定植到立秋时，气温高，植株生长缓慢，处于蹲苗状态。此期的管理中心是促根，天不过旱不浇，加强保墒，促进根系生长。立秋之后，气温适宜大葱生长，应及时追肥、浇水和培土软化。结合浇水，每亩每次追尿素 10～15 千克，以后每 15 天追肥 1 次。灌水掌握轻浇，早晚浇水为好。霜降后，气温降低，停止浇水，以提高大葱的耐贮性。

2. 培土

白露以后，大葱进入葱白膨大期，应注意及时培土，葱白每长高 10 厘米就应培土 1 次，最少培土 3 次。

第六节　根类蔬菜栽培技术

凡是以肥大的肉质直根为产品的蔬菜都属于根菜类，根菜种类繁多，主要有萝卜、胡萝卜、根用芥菜、芜菁、牛蒡、根甜菜等10多种。本节主要介绍萝卜栽培技术。

萝卜为十字花科，1～2年生草本植物。萝卜营养丰富，产量高，耐贮藏，管理简便省工，供应期长，是我县冬季、春季的主要蔬菜之一。主要介绍秋冬萝卜栽培技术：

（一）品种选择

在品种上选择不易抽薹优质高产的种类，如象牙白、大红袍、汉中胭脂红等。

（二）栽培季节

我县栽培秋冬萝卜，一般8月上中旬开始播种。若播种过晚，到越冬前萝卜长不大，产量低。

（三）整地播种

前茬作物收获后应及时整地，要求做到深耕、平整、疏松，这样才能保证苗全苗齐苗壮。结合整地，应施足基肥，且基肥量应占总肥量的70%左右，即每亩施用充分腐熟的优质厩肥2500千克、过磷酸钙25～30千克。

萝卜作畦方式因品种、气候、土质等条件而异。大型品种多起垄栽培，垄高10～15厘米；中、小型品种多采用畦栽。播种量和播种方式也因品种而不同。大型品种多采用穴播或条播，穴播每亩用种0.3~0.5千克，条播每亩用种0.50千克；中型品种多采用条播方式，每亩用种0.75~1千克；小型品种可用条播或撒播方式，每亩用种1~1.5千克。种植密度，大型品种行距45~55厘米，株距20~30厘米；中型品种行距35~40厘米，株距15~20厘米；小型品种可保持8~10厘米见方。

（四）田间管理

1. 幼苗期管理

幼苗期以幼苗叶生长为主。于第一真叶时进行第一次间苗，防止拥挤而使幼苗细弱徒长。2~3片真叶时进行第二次间苗，每穴可留苗2~3株。5~6片叶时，可根据品种特性按一定的株距定苗。此外，如气温高而土壤干旱，应及时小水勤浇并配合中耕松土，促进根系生长。定苗后，每亩可追施硫酸铵10~15千克，追肥后浇水，并要随时防治菜螟和蚜虫。

2. 肉质根生长前期的管理

此期的管理目标是：一方面促进叶片的旺盛生长，形成强大的莲座叶丛，保持强大的同化能力；另一方面还要防止叶片徒长，以免影响肉质根的膨大。第一次追肥后，可浇水2~3次，当第五叶展出时，应适当控制浇水，促进植株转入以肉质根旺盛生长为主的时期。此时，还要喷药防治蚜虫和霜霉病。露肩后，可进行第二次追肥，每亩追施复合肥25~30千克。

3. 肉质根生长盛期的管理

此期是萝卜产品器官形成的主要时期，需肥水较多。第二次追肥后需及时浇水，以后每3~5天浇水1次，经常保持土壤湿润。若土壤缺水，肉质根生长受阻，则果皮粗糙，辣味重，降低产量和品质。一般于收获前5~7天停止浇水。

（五）栽培技术与萝卜品质的关系

萝卜在不良的环境与栽培条件下，常有畸形根、裂根、黑皮、黑心、糠心及苦味、辣味等现象发生，使产量和品质降低。

1. 畸形根

在栽培过程中，若灌水太多，土壤板结，施用未腐熟的有机肥或厩肥中含有尿素过多，土壤耕层太浅或土中有石块、瓦砾等，都易引起畸形根的发生。

2. 裂根

裂根的发生主要是由于土壤水分供应不均匀所致。如土壤长期干旱，肉质根生长暂时停顿，突然降雨或灌水，根又迅速生长，易发生裂根。

3. 黑皮和黑心

土壤板结，通气不良，或施用新鲜厩肥，土壤微生物活动强烈，消耗氧气过多等，都会造成根部窒息，部分组织缺氧。

4. 糠心

糠心与品种、肥水条件等有密切关系。生长速度快，肉质疏松的品种容易糠心。土温过高，缺水，呼吸作用强容易引起糠心；肉质根贮藏在高温干燥的场所，也易引起糠心。

5. 苦味与辣味

苦味是肉质根中含有苦瓜素，它是一种含氮的碱性化合物。产生苦瓜素的主要原因是单纯施用氮素化肥过多，而磷、钾肥不足所引起的。辣味是由于肉质根中芥辣油含量增高所造成的。气候炎热干旱，有机肥不足时，往往产生较多的芥辣油，使辣味增重，降低品质。为了提高萝卜品质，在栽培中应注意以下技术措施：

（1）选用优良品种：一般选用生长速度快、辣味轻、苦味轻、风味好的优质品种。若是生食萝卜品种，可于秋季适当晚播，芥辣油含量低、品质好。

（2）施用充分腐熟的有机肥，增施磷、钾肥，以提高品质。

(3)合理灌水,避免土壤干旱或忽干忽湿。

(六)萝卜的主要病害防治

1. 病毒病

(1)症状

叶片受害后出现深绿色和浅绿色相间的条纹,有时发生畸形,有的沿叶脉产生耳状突起。

(2)防治方法

选用抗病品种,加强栽培管理,适期早播。药剂防治:在发病初期用20%病毒A可湿性粉剂500倍液,或1.5%植病灵乳剂1000倍液,或83增抗剂100倍液喷雾,每隔10天喷1次,连续喷3~4次。

2. 黑腐病

(1)症状:本病主要为害肉质根和叶片,叶片受害时,开始叶缘变黑,呈现“V”字形病斑,叶脉变黑呈网状,后扩展到全叶。根部受害后,维管束变黑。肉质根内部组织干腐,外观往往看不出异常症状,纵切后,髓部变黑色干腐。在田间若与软腐病并发,全根腐烂。

(2)防治方法:①选用良种:选用抗(耐)病品种,注意选留无病种株采收种子。②实行轮作:一般以水旱轮作最好。③种子处理:播种前用50℃温水浸种30分钟,或用种子重量0.2%的35%甲霜灵拌种;加强田间管理,及时清洁田园,将病残物集中烧毁或深埋,做好田间地下害虫防治,避免伤口染病。④药剂防治:发病初期可用47%加瑞农600~800倍液,或72%农用硫酸链霉素可溶性粉剂3000~4000倍液,或77%可杀得800~1000倍液,或14%络氨铜水剂300倍液,或丰灵200倍液喷雾,每隔7~10天喷1次,连续喷3~4次。

3. 霜霉病

(1)症状:萝卜霜霉病在萝卜的整个生长期均可发生,萝卜叶片受害后,最初出现不规则褪绿黄斑,后渐扩大为多角形黄褐色病斑,病情从植株下部向上部扩展。湿度大时,叶背或叶两面长出霜状白霉,即病原菌繁殖体,病害严重发生时病斑连成片,叶片干枯。茎部染病,呈现黑褐色不规则状斑点。种株染病,种荚多受害,病部呈淡褐色不规则斑,上生白色霉状物。

(2)防治方法:适期播种,播期不宜过早。药剂防治措施参见白菜霜霉病。

第七节　绿叶类蔬菜栽培技术

绿叶菜是指主要以鲜嫩的绿叶、叶柄和嫩茎为产品的一类蔬菜。这类蔬菜的一个显著特点是速生,从幼苗到成品一般都可食用。本节主要介绍莴笋和芹菜的栽培技术。

一、莴笋

莴苣是菊科2年生蔬菜。青笋是莴苣的茎用变种,因而又叫莴笋。

主要介绍秋莴笋栽培技术:

1. 品种选择

秋莴笋应选择耐热性强、晚熟不抽薹、对高温长日照不敏感的品种。适宜早秋栽培的品种有成都杆、二白皮、万年椿、二青皮等;适于中晚秋栽培的品种有南京紫皮香、杭州圆叶、长沙细尖叶、锣锤、贵阳罗汉莴笋、上海大圆叶等。

2. 浸种催芽

莴笋属喜冷凉型蔬菜，种子在4℃条件下开始发芽，15℃条件下发芽最快。当温度超过30℃时，发芽速度减缓，甚至受阻。这是因为莴笋种子为瘦果，有坚厚的果皮和种皮，种子在高温下其呼吸作用旺盛，进入胚的氧气不足，抑制发芽。催芽时，应先将种子浸泡12～24小时。需要进行低温处理，放在冰箱冷冻处理6小时，也可将种子吊挂在深井里，离水面30～40厘米处24小时。然后取出催芽，每天用清水洗种，4～5天种子露芽后即可播种。

3. 适时播种

早秋栽培的播期一般在6～7月，10月以后上市的可适当晚播。应根据当地情况，将苗期安排在上旬平均气温为25～26℃时为宜。

4. 培育壮苗

秋莴笋出苗难，播种时应适当增加播种量，一般每平方米苗床播种20～25克。苗床土应选择疏松肥沃的壤土，并施腐熟的猪、鸡、鸭粪为基肥，精细整平土地。如气温较高，播前应浇足水，播后用齿耙耙畦面使种子和土混合，并稍压紧，最后盖遮阳网或稻草保湿。必要时，每天喷水1次。出苗后揭除覆盖物。苗床可用竹帘或遮阳网覆盖，亦可在棚架下育苗，或与小白菜混播，形成凉爽湿润的环境小气候。用竹帘、遮阳网、棚架遮阳的，每天上午8时盖严，下午5时揭开。温度过高时，可往竹帘或遮阳网上喷水降温。苗期要松土、除草、间苗1～2次。

5. 定植与管理

苗龄25～30天，4～5片真叶时定植。苗龄过长，易造成未熟先抽薹。秋莴笋生长快、生长期短，可适当密植。一般株行距以20～28厘米见方为宜。定植后，应勤浇水，活棵后立即施速效氮肥。接着少浇水，浅中耕，促进根系生长。团棵后，进行第二次追肥，以速效氮肥为主、适当配钾肥。当茎部开始膨大时，进行第三次追肥，氮钾肥并用。在收获前15天左右停施追肥。在笋茎膨大期可喷洒$(500\sim800)\times10^{-6}$的青鲜素或$350\times10^{-6}$的矮壮素，能防止窜笋抽薹，提高莴笋的产量和质量。

二、芹菜

主要介绍本地芹菜的栽培技术：

1. 品种选择

汉中本地芹、实杆绿芹。

2. 育苗

秋茬6月中旬至7月上旬播种，8～9月定植，11月下旬开始收获。越冬茬8月上旬播种，10月中下旬定植，1～3月收获。苗床准备：苗床地与本田按照1∶10的比例准备，在苗床地进行稀播匀播，待苗长至10厘米左右，拣大苗移栽。苗床地应选择用水和排水均比较便利的地块，做成宽1～1.2米、长6～10米的苗床，挖好排水沟，每平方米施入优质腐熟的农家肥10千克，深耕20厘米左右，耙碎土块。芹菜种子小，因此要求畦面平整，以提高出苗率，保证出苗均匀整齐。芹菜亩用种量100～150克，采用低温催芽，落水播种。用凉水浸种催芽12小时，在15～20℃环境下催芽。具体做法是：先用清水浸泡种子12小时，然后采用5毫克/千克赤霉素或爱多收浸泡10～12小时以打破休眠，提高发芽率，之后将种子捞出，装入布袋吊在深水井的水面之上，或者围在压水井的钢管刚出地面处，每天翻洗1次，7～8天即可。出芽后多选择晴天下午或阴天播种，先灌水后播种，覆土0.5～0.8厘米，苗床用遮阳网覆盖。播后如遇干旱，每天傍晚浇1次小水,保持地面湿润,直到出苗。出齐苗后,在下午要拿掉畦面上的覆盖物,随着小苗的生长,要逐步撤掉遮阴覆盖物。芹菜喜湿,整个苗期均应以小水勤浇为原则,保持湿润的土壤条件。出苗后至幼苗长出2~3片真叶前,因根系数量还少,故每隔2~3天应浇1次水,使畦面经常保持见干见湿状态。浇水时间以早晚为宜。当芹菜长到5~6片叶时,根系比较发达,应适当控制水分,防止徒长,并注意防止蚜虫的为害。在芹菜苗期一般不追肥。如发现缺肥长势弱时,在3~4片真叶时可随水追施碳铵,每亩施用10千克。在幼苗1~2片真叶时,进行1~2次间苗,苗距3厘米左右,并结合间苗进行除草,保证秧苗健壮生长。

3. 大田管理

芹菜栽培应选择富含有机质、保水保肥强的沙壤土,每亩施人畜粪2000千克,尿素20千克,磷肥40~50千克,钾肥10~15千克,浅翻入土内,整平整细,然后做畦,畦宽1.7米左右。本地芹在苗龄45天左右、苗高12~15厘米时即可拔苗定植。拔苗前应喷1次杀虫药(如敌杀死等),拔苗前3~4小时应浇水使床土充分湿润。定植行距16~26厘米,丛距10厘米左右,每丛4~5株,边定植边浇好压兜水。幼苗定植后,每天早晚应浇水浸苗,促其成活。定植成活后应勤施粪水,保持土壤湿润。在封行前,浅中耕2~3次。芹菜需肥量大,但根系吸收能力较弱,应当结合浇水,适时追肥,一般追肥2~3次,每次追肥每亩施尿素5~8千克,把握氮肥勤施原则,确保养分的均衡供应。

第八节　茄果、瓜类蔬菜栽培技术

茄果、瓜类蔬菜是大众化的蔬菜，栽培范围广，需求量大，质量问题越来越受到人们的关注，生产无公害茄果、瓜类蔬菜迫在眉睫。

一、茬口

根据当地时间确定。

二、选择优良品种

1. 西红柿

合作 908，粉皇后，金棚 1 号，摩尔 1 号(美国)等。

2. 茄子

汉中紫茄，美国冠茄，湘早茄，墨茄等。

3. 辣椒

新洛椒 98A，新丰 4 号，湘研系列。

4. 黄瓜

津优 2 号、4 号、10 号等。

5. 西葫芦

青剑，早青 1 代，早生 1 代等。

三、种子消毒处理

许多病菌属于种子带菌，做好种子的消毒处理工作尤其重要。常见的消毒方法有以下几种：

1. 烫种

将种子放入55℃左右的水中进行烫种，边烫、边搅拌，待到水温降至30℃时进行自然冷却浸种。

2. 40%甲醛消毒

将进行过烫种、浸种的种子放入40%甲醛100倍液中浸泡15分钟左右捞出，用清水冲净药液，可以消灭种子表面所带病菌。

3. 用10%磷酸三钠或2%的氢氧化钠消毒

将进行过烫种、浸种的种子放入10%的磷酸三钠或2%的氢氧化钠水剂中浸泡20分钟左右捞出，再用清水冲净，对花叶病毒有很好的钝化作用。

4. 药剂拌种

将进行过烫种、浸种的种子用种子量的2%～3%的多菌灵或代森锰锌粉剂拌种约10分钟后，用清水洗净，能消除种子表面的病菌。

四、营养土的配制

营养土要求疏松透气好，肥沃，营养全面，不含任何有害物质、病菌及虫卵。配制方法是取3年以上不重茬的，最好前茬是葱蒜类的优质田园土6份，和充分腐熟高温发酵、杀灭各种寄生虫卵和病原菌、杂草种子的有机肥4份进行充分混合，打细、过筛，除去杂物，按每立方米的培养土中掺入氮、磷、钾复合肥0.5～1千克，再加入适量多菌灵或甲基托布津和鱼藤酮等无公害农药，完全混合后，用塑料薄膜封闭闷3～4天，彻底灭菌。然后揭去薄膜备用。

五、培育壮苗

1. 播种、分苗

为了保证苗齐、苗全,常用催芽落水播种。将配制好的营养土在苗床中铺10厘米厚,浇透水,待水渗完后,将床面水坑处补平,进行播种。在种子上面覆土1~1.5厘米厚,在早春育苗中,应立即封闭薄膜,加盖草帘,尽量将温度提高到25~28℃,以利出苗。待苗出齐后,应降低温度2℃左右,避免形成高脚苗。第一片真叶长出后,提高温度促其生长。茄果类蔬菜苗子长到二叶一心时,进行一次分苗,目的是切断主根,促进侧根的发育,以利根系发达。分苗为10厘米见方,以加大营养面积。瓜类因其根的再生能力差,一般不进行分苗,因此,在播种时常用营养钵或切块育苗,以利护根。应强调的是,在无公害栽培育苗时,不能使用报纸等印刷品卷纸筒育苗,防止铅污染。

2. 加强光照、温湿度的管理

每天早晨9时左右,及时揭开草帘,扫去薄膜上的灰尘,提高透光率,即使在阴雨雪天,也要注意揭开草帘,同时做好保温工作。必要时可在室内悬挂灯泡补光,或在北墙挂反光幕。若湿度过大,可通过提温通风排湿,或在苗床撒干细土、草木灰降湿。在连续的阴雨天过后,天气突然放晴,苗子会出现萎蔫现象,这时切记不能给苗床洒水,应及时回盖草帘或用稻草遮阴,待苗子恢复正常后揭掉草帘、稻草。若苗子再萎蔫,按照上述的方法重复几次,直到苗子恢复正常为止。若苗床发生倒苗,应立即用百菌清烟雾剂进行熏蒸,最好不喷水剂农药,以免增加苗床湿度。

3. 注意通风炼苗,增强苗子抗逆性

在定植前1周,循序渐进地通风炼苗。先从背风处通风,由小到大，防止闪苗。禁止冷空气直接吹到苗上，以免形成“扫地风”。番茄、茄子苗以叶脉和茎秆稍发紫为好，辣椒、瓜类苗以叶片较厚，叶色较深为度。

4. 秋延后栽培育苗中的光照管理

在秋延后栽培育苗中，要注意用遮阳网或稻草遮阴，以利保墒和苗子健壮。在栽植前，逐渐撤去覆盖物，增强苗子适应性。

六、整地、定植

选择水源洁净，无污染，且远离污染源，生态条件良好，具有可持续生产能力的地块种植。结合整地，每亩施优质充分腐熟有机肥5000千克和氮、磷、钾复合肥40千克。禁止使用城市垃圾和污染、医院粪便垃圾，以及含有害物质的工业垃圾和硝态氮肥作基肥，以免造成生产环境污染。我县宜采用高畦栽培。高畦整成龟背形，避免根基部积水，造成烂根或病菌的滋生。在定植前，做好棚室消毒工作，用百菌清、敌敌畏闭棚熏蒸，降低棚室内残留病虫基数。提倡带药定植。栽苗时，茄果类可适当深栽，与子叶基部为齐，以利多发不定根。瓜类因其根系不发达，且对氧气的需要量较高，应适当浅栽，以与土坨齐为准，若栽得过深，不易缓苗发苗。栽植密度，以每亩番茄4500株，茄子4000株，辣椒4000穴，黄瓜3800株，西葫芦2000株，苦瓜2200株为宜。

七、大田管理

1. 加强植株调整

植株调整直接影响到作物的产量、上市期及长势。春露地栽培的番茄多采用单杆或一杆半，也可以采用双杆整枝。整枝方式由上市期的迟早决定。拱棚春提早或日光温室番茄宜采用单杆整枝方式，以便营养能集中运输，促进果实的提早成熟。秋延后栽培宜选用双杆整枝法，以便能较好地提高产量。此期由于光照较强，果实易产生日灼现象，又多暴雨，易产生裂果，因此采用双杆整枝法，枝叶较茂盛，能遮盖果实，使果实避免或减少日灼或裂果的发生。

在整枝时，应注意：

(1)侧枝长到10厘米长时，打枝较科学。打枝过早，秧子易早衰；打枝过晚，易造成疯长，影响产量和推迟上市期。

(2)整枝要选择在晴天进行，以利伤口愈合。若在阴雨天整枝，易造成伤口感染。

(3)结合整枝及时打掉茎基部的老叶、病叶，以增强通风透光，减少病菌的繁殖。同时将打掉的老叶、病叶、侧枝及时清理出地，进行深埋或烧掉，避免造成再侵染。

茄子整枝：改以往的门茄、对茄、四母斗、八面风、满大星的常规整枝方式为"双头"整枝较为科学合理。因为"双头"整枝有利于密植，产量高，又由于营养能集中运输，早熟性好，早期产量高，有利于提高经济效益，且通风透光较好。同时将门茄以下的侧芽全部打掉，以免过多地消耗营养。

辣椒应将门椒以下的侧芽全部打掉。黄瓜、苦瓜应注意及时绑蔓，成螺旋状，以利坐瓜。将苦瓜距地面50厘米以下的所有侧枝打掉，以保证主蔓的正常结瓜，因为苦瓜以主蔓结瓜为主。

2. 做好保花保果和疏花疏果工作

茄果类蔬菜在温度低于15℃的情况下，容易造成落花落果现象，或易产生畸形花、畸形果，因此，要做好保花保果工作。在保证温度的基础上，可用2,4－D或防落素点花(在绿色生产中禁用)，番茄上的2,4－D使用浓度为10～15毫克/千克，茄子为25毫克/千克，能有效促进坐果。瓜类蔬菜往往因为营养不良或授粉、受精不良而易造成化瓜，因此，要加强人工授粉以减少化瓜,降低畸形果率。但如果挂果过多,又会造成营养运输不集中,影响上市期,且果子偏小,生长不均匀,因此还要适当进行疏花疏果,将畸形花、畸形果疏掉。番茄要保证每穗花序有 3 ~ 4 个果子,以利生长均匀,着色好。

3. 加强肥水管理

春露地、春提早、日光温室栽培的作物在定植以后,应立即浇一次透水,然后设法提高地温、气温,以利缓苗,待到新叶发出和新根长出,证明缓苗已结束,转入正常的生长。在第一茬果坐住以前,基本不需要再浇水、施肥,以免造成营养生长过旺,影响生殖生长。第一茬果坐住后,可以结合浇水,进行追肥,要注意氮、磷、钾的配合,以提高产品的质量和防止秧子早衰,每采摘 2 次,进行一次追肥。改变以往的“肥大水勤,不用问人”的不良习惯,加强平均施肥。施氮肥时掌握“攻头控尾”,“重基肥轻追肥”的模式。追肥以每亩施腐熟的人粪尿 1000 千克或施 15 千克复合肥,或 10 千克尿素和 10 千克硫酸钾。若遇多雨年份,还应重叶面喷肥。可用 0.3% 的磷酸二氢钾或 1% 的复合肥等进行叶面喷肥,以增强苗子的抗逆性和提高产量。喷肥时注意喷到叶子的背面和新叶,以利吸收。在收获前 3 ~ 7 天喷施 300 毫克/千克的钼、锰、锌、稀土等微肥,能有效降低硝酸盐的含量。

在秋延后栽培中,要注意选择在阴天有小雨的天气,或晴天傍晚时定植,有利缓苗成活。定植后浇透水,在苗子缓过后,前期每 3 ~ 4 天浇 1 次水,防止干旱死秧。

4. 抓好病虫害的防治工作

病虫害的防治工作应以预防为主,重点抓好农业综合和生物防治。严禁使用剧毒、高毒、高残留或具有致癌、致畸、致突变的农药,在迫不得已的情况下,也可使用高效、低毒、低残留的农药,但要严格控制其使用次数、使用剂量,遵从安全间隔期和轮换使用,最终将农药残留量控制在安全、无公害范围以内。

番茄早疫病:初为水浸状,后变为灰褐色,圆或不规则形黑斑,边缘多有浅绿黄色晕环,中心暗色,具有同心轮纹。高温高湿发病重。发病后,可用75%百菌清可湿性粉剂400倍液,或64%杀毒矾可湿性粉剂400倍液,或多抗霉素或春雷霉素或井冈霉素等生物源农药防治,有特效。

番茄晚疫病:以叶和青果受害重,叶片受害多由叶尖、叶缘开始,初为暗绿色水浸状不正形病斑,扩大后转为褐色,在高湿条件下,叶背病健部交界处生白霉。青果病斑初为油浸状暗绿色,渐变为暗褐色至棕褐色,稍凹陷,果实一般不变软。高温高湿易发病。发病后,可用1∶1∶(160~200)的波尔多液,或64%杀毒矾可湿性粉剂400倍液,或农抗120等生物制剂的农药防治。

番茄灰霉病:主要为害果实,果皮变成灰白色,软腐,后期在果、花托和果柄上出现大量灰色霉层。高湿发病重。发病后,可用25%多菌灵可湿性粉剂400倍液,或75%百菌清可湿性粉剂500倍液,或50%速克灵可湿性粉剂2000倍液防治,效果好。

茄子黄萎病:发病初期近叶柄的叶缘部叶脉间褪绿,晴天高温时萎蔫,夜间或在转阴凉时恢复。数日后,萎蔫状态不再复原,且多由半边叶开始,当病斑扩展到整片叶子后,病叶发黄萎蔫,变褐枯死。低温高湿易发病。可用50%多菌灵可湿性粉剂500倍液或75%百菌清可湿性粉剂600倍液防治。

茄子绵疫病:主要为害果实。受害果初为水浸状,圆形斑点,稍凹陷,果肉变黑褐色腐烂,易脱落。湿度大时,病斑表面长出茂密的白色绵絮状菌丝,扩展迅速。高湿易发病。病发后,可用40%乙磷铝可湿性粉剂200倍液,或50%速克灵可湿性粉剂2000倍液防治。

辣椒炭疽病:果实及叶片均受害,但主要为害果实。果实被害时病斑褐色,近圆形到不规则形,初为水浸状黄褐色圆形病斑,中央呈灰褐色,病斑表面有隆起的同心轮纹,轮纹往往由许多小点集成。潮湿时,病斑表面溢出红色黏稠物。高温高湿发病重。发病后,可用70%代森锰锌可湿性粉剂400倍液,或50%多菌灵可湿性粉剂800倍液或75%百菌清可湿性粉剂500~600倍液防治。

辣椒的疫病:茎、叶、果实均可发病。初呈水浸状软腐,暗绿色,湿度大时病部可见白霉。高温高湿易发生。发病后,可用40%乙磷铝可湿性粉剂200倍液,或75%百菌清可湿性粉剂600倍液防治。

辣椒疮痂病:最明显的特征是凹凸不平,像人出了疮痂一样,中央有黑色或褐色小点。落叶、落花、落果严重。高温高湿易发生。发病后,可用菌毒清300倍液或高锰酸钾800倍液,或农用链霉素150×10^{-6}防治,有特效。

瓜类霜霉病:初期叶片上先出现水浸状淡黄色小斑点,受叶脉限制,呈多角形,淡褐色,后期病斑干枯易破。潮湿时,病斑背面长出灰黑色霉层,由下向上逐渐蔓延。高温高湿易发生。常和细菌性角斑病,或炭疽病混合发生,在生产用药时要注意兼治。单独发生时,用40%乙磷铝200倍液或70%代森锰锌可湿性粉剂500倍液防治。和细菌性角斑病混发时,可用30% DT杀菌剂500倍液加40%乙磷铝250倍液,或30% DT杀菌剂500倍液加25%甲霜灵800倍液,或硫酸链霉素150×10^{-6}加40%乙磷铝250倍液防治。与炭疽病混发时,可用40%乙磷铝200倍液加25%多菌灵可湿性粉剂400倍液防治,有特效。

瓜类枯萎病:开花结果后陆续发病。病初,病叶中午萎蔫下垂,早晚恢复正常,似缺水状,逐渐遍及全株,最后全株枯死。基部常纵裂。如纵切病茎,其维管束部分变褐。田间过湿、过干都易发生。发病时,可用30% DT 杀菌剂300 倍液,或瓜菜重茬剂300 倍液灌根,每株用药液 0.3 ~0.5 千克。

棉铃虫、红蜘蛛、跳甲为害时,可用48% 毒死蜱 1000 倍液,或15% 安打 5000 倍液防治,或浏阳霉素、华光霉素等生物源农药防治。蚜虫、潜叶蝇为害时,可用10% 金大地 2000 倍液,或采用鱼藤酮、烟碱、印楝素、苦楝等植物源农药防治。

八、及时采收

根瓜、门茄、门椒应适当早摘,避免产生缀秧现象。秋延后苦瓜应注意在清晨采摘,否则易发黄变色,影响商品性。在暴雨来临前,及时采收,因为成熟的苦瓜经暴雨袭击后,易裂果、发红,失去商品性。

特色产业篇

产业发展作为脱贫攻坚的重要引擎，是推进农业供给侧结构性改革的重要抓手，也是农民增收致富的重要项目。应培育骨干产业，长期与短期产业项目相结合，巩固贫困户增收渠道。许多经济作物产品是人类生存最基本、最必需的生活资料，经济作物的生产对我国经济建设具有举足轻重的作用，同时也是出口创汇、增加国民经济收入的主要来源。古人云："一日不再食则饥，终年不制衣则寒。"宁强县地处秦巴山区，资源相当丰富，依托传统养殖业，涵盖中药材，发展魔芋、食用菌等特色产业，依靠产业拓宽农民增收渠道。

第一节　茶园生产管理技术

一、茶园耕锄

茶园耕锄分为浅耕锄草、深耕、深翻改土 3 种措施，都在茶带之间的步道上进行。

1. 浅耕锄草

一般茶园每年进行 3～4 次，其中必须进行的有春茶前（3 月初到 3 月底）、春茶后（5 月中旬至 6 月初）及夏茶后（7 月中旬左右）。耕锄深度 10～15 厘米。幼龄茶园要勤锄杂草，在三龄前，茶苗周围 20 厘米范围内应用手拔草并压实根部，防止将茶根带虚，其余地方可用小手锄浅锄。

2. 深耕

8～9 月进行，深度 20 厘米左右，可将杂草翻入土中，改良土壤。

3. 深翻改土

秋茶后进行，必须结合施入有机肥。开沟深度 50～60 厘米，沟宽根据茶行宽窄而定，一般隔 1 年至 2 年进行 1 次。

茶园中禁止使用草甘膦、百草枯等化学除草剂，确保茶园无污染、无农残、无公害。

二、茶园水肥

1. 合理施肥

一般茶园 1 年至少施 2 次肥，即秋施基肥、春施催芽肥。施基肥应在每年秋末进行,具体是在步道上距离茶树根部20厘米处,沿茶带方向开沟深施,施肥深度为20厘米以上。一般每亩施饼肥或商品有机肥200~400千克或农家有机肥1500~2000千克,并且加入磷肥50千克;催芽肥应在3月上旬春茶开采前15~30天开沟施入,沟深10厘米左右,亩施碳铵50千克左右,计划进行夏秋茶生产的,还应在春茶结束后的5月中旬再追肥一次,施肥量为催芽肥的一半。另外,每次采茶后应立即进行叶面喷肥,喷施0.5%的尿素或磷酸二氢钾,每亩肥液75~100千克。

2. 水分管理

一般要求耕作层土壤相对含水量在75%~90%,保证茶树能正常生长,茶园土壤进行铺草覆盖,在路边地角建立蓄水沟、池,种树种草,增加植被覆盖度等,以减少水分蒸发,涵养水分。干旱严重,耕层土壤相对含水量降低到70%以下时,茶园应及时引水灌溉。

三、茶树修剪

1. 幼龄茶园修剪

幼龄茶园主要采取定型修剪培育树冠,一般要进行3~4次。第一次在80%以上的茶苗高度达到30厘米时,离地面15~20厘米处水平剪去主枝,不剪侧枝,不足此高度者不剪;第二次在离地30~40厘米处剪平,第三次在离地45~60厘米处剪平。以后每年辅以"轻采重养",进行打顶采摘,只采主枝,不采侧枝,控制树高在60~80厘米。修剪时间为每年4月下旬、7月中旬左右。

2. 成龄茶园修剪

(1)轻修剪:亩产量达到25千克以上的茶园采取轻修剪,

每2年进行1次。即在秋季霜降之前完成,用修枝剪水平剪去树冠上层2~3厘米,修剪部位以保留红梗剪去青梗为度。作用:培养和维持树冠采摘面整齐、平整,调节生产枝数量和粗壮度,便于采摘、管理。

(2)深修剪:对于树冠尚健壮,但鸡爪枝多、育芽能力衰退、新梢长势弱、对夹叶多、产量和品质明显下降的茶树应进行深修剪,宜在春茶后立即进行。视鸡爪枝的深度而定,用篱剪剪去树冠上层10~15厘米。修剪前后增施肥料。要求树冠平整,剪口光滑,不撕破表皮,并结合疏枝,清除枯枝、病虫枝。作用:剪除树冠鸡爪枝,使之重新形成新的枝叶层,恢复树势,提高育芽能力。

(3)重修剪:对于未老先衰的茶树,或者骨干枝尚健壮但树冠衰老或高、低不一,分枝稀而乱,没有形成有效采摘面以及树冠过于高大,采用深修剪仍不能降低树高,严重影响采摘管理的茶树,应进行重修剪。重修剪应在春茶后立即进行。即根据树势剪去树高的1/2或略多一些,留下离地面高度30~45厘米的主要骨干枝。修剪前后要增施有机肥料。要求树冠平整,剪口光滑,不撕破表皮,并结合疏枝,清除枯枝、病虫枝。作用:促使骨干枝上的不定芽重新萌发,成长为新枝,重新形成上层分枝,以恢复生产力。

(4)台刈:对于树势十分衰老,多粗老枝干,枯枝多,茎干上多着生地衣苔癣,芽叶稀少,基本无叶可采的茶树应采取台刈。台刈时间为春茶后进行。方法是用手锯或台刈剪离地面3~5厘米剪去整个树冠,台刈前后要重施肥料。要求切口平滑、倾斜,不撕裂茎干和表皮。作用:利用根颈部不定芽的萌发,重新培养树冠骨架和整个分枝结构,以恢复生产力。

(5)修剪的形状及注意事项:修剪后茶蓬的形状一般有水

平形、弧形两种。修剪中应注意结合疏枝，将茶丛中下部的细弱枝、枯枝、病虫枝全部剪除。修剪工具要锋利、洁净，剪口要倾斜光滑。修剪后加强肥水管理，注意留养，实行“采养结合”。

3. 条行边修剪

覆盖度较大的茶园，每年进行条行边修剪，保持茶园行间20厘米左右的间隙，以利田间作业和通风透光，减少病虫害的发生。

四、鲜叶采摘

(1)幼龄茶园在采摘时必须注意留养，坚持以养为主，采摘为辅，保证年生长期内有一批新叶子留养在树冠上，树冠高幅度明显增加。

(2)成龄茶园采取以采为主，以采摘面为标准线，在采摘面上集中采，采摘面下集中养的采养技术。即“采面养底、采中养侧、采高养低、采密养稀、采大养小”的采摘技术。

(3)在采摘手法上，要求提手采，不宜抓采、掐采，要采匀、采净，不夹带老叶、鱼叶、茶果，不攀“马蹄苞”，老嫩分开，杜绝“一把捋，一扫光”。春茶宜早采、嫩采、多采高中档茶，采一芽二、三叶和对夹叶，留鱼叶，隔4～6天采1次，可采6～8批；夏茶采一芽二、三叶和对夹叶，留1叶，隔5～7天采1次，可采4～5批；秋茶采一芽二、三叶和对夹叶，留鱼叶，隔8天采1次，可采5～7批，9月底封园停采。

(4)采茶工具：应采用清洁、通风良好的竹、藤编制的茶篓、茶筐、茶篮盛装鲜叶，不得使用布袋、塑料袋等软包装材料盛装鲜叶。

(5)鲜叶在采摘后4小时内要送到加工厂，要随采随运，保持新鲜干净。运输工具要清洗，提倡专用，严禁混装有毒、有害、有异味的物品。装运时要轻装、免压、减少机械损伤。

(6)鲜叶要按鲜度、净度、匀度、嫩度的不同要求,严格验收,分级摊晾。摊晾时不能让鲜叶直接接触地面,可在竹席等竹器上摊晾。摊叶厚度最多不超过30厘米,摊晾时间以4~12小时为好,最多不能超过16小时。摊放过程中适时翻动,一般不宜使鲜叶温度超过25℃。摊晾程度,应以叶质微软、清香透出、含水量70%,失重不超过5%~10%为宜。达到适度后,就应及时进行加工。劣变叶不得用来制茶。

五、低产茶园改造

凡树龄超过10年,亩产量低于25千克的茶园均属低产茶园。低产茶园形成的原因主要是建园质量差、土壤瘠薄、坡度大、管理粗放,以及采摘不合理(只采不养)等。因此,低产茶园改造应着重抓好"五改"。

1. 改土

按照茶园管理中"深翻改土"的办法进行,施入有机肥,改良土壤,提高土壤肥力。同时,要按照管理要求施好追肥,并进行合理耕作。

2. 改树

对未老先衰的茶树,根据树势情况采用深修剪、重修剪、台刈,更新树势,同时做好病虫害防治工作。

3. 改园

对园相不整齐、缺窝断行的茶园,要进行归并补植,保证单位面积有足够茶丛,即3000丛/亩。

4. 改采

改变老嫩一把抓的掠夺性采摘,实行分期、分批留叶采摘,把采摘与养树有机结合起来。

5. 恢复梯坎

对坡度大的茶园逐渐修筑梯坎,对梯地茶园要逐年加固梯坎,提高茶园的蓄水保肥能力。

六、茶树气象灾害防御

茶树气象灾害有寒害、冻害、旱害、热害、湿害、风害、雹害等。主要防御措施有:

1. 营造防护林

选择植株高大、抗风力强、生长快,与茶树无共同病虫害的乔木树种,如松树、杉树、苦楝、女贞等。在茶园四周营造防护林带,可阻挡寒流、降低风力,改变茶园生态小气候。

2. 行间铺草覆盖

稻草、作物秸秆等每亩不少于 1000 千克,铺草厚度 12 厘米,11 月上旬进行,次年 3 月上旬撤去或结合深耕填埋作有机肥,可起到增温保墒效果。

3. 适时修剪

根据茶园受害程度的轻重采用不同深度的修剪方法。修剪时期,一般当地气温稳定回升后进行。1 ~ 2 年生茶树,如果受害程度不高,可采用定型修剪,剪去部分枯枝,并补植缺丛;多数茶树枯萎死亡,要移植归并重新补植。

4. 加强肥水管理

科学施肥:在 2 月底至 3 月初前施普通复合肥 150 ~ 200 千克/亩;4 月初施尿素 50 千克/亩。开沟施,沟深 10 厘米。

灌溉与排水:有春旱的年份,对受冻茶树应及时灌溉;在大雪或冻雨融冰后,有积水的茶园,应及时开沟排水,以防湿害。

5. 复壮树冠

受害茶树经修剪后,应适当留养,以恢复树冠。修剪程度较轻的茶树，春茶早采、嫩采名优茶，后期留叶采；受害严重的采用台刈或重修剪的茶树，与老茶树改造培养树冠的技术要求相同，需重新培养优质高产的树冠。

七、病虫害防控

1. 农业防治

（1）适时修剪：根据不同树势在茶季结束或春茶前进行轻修剪，秋茶结束后进行重修剪，剪去枯弱枝、病虫枝和徒长枝，并将枝叶清理出园，减少病虫滋生环境。

（2）平衡施肥：根据土壤肥力和茶树长势合理施肥，保持茶树营养平衡，增强抗病虫能力。

（3）中耕除草：通过茶园深翻除草，减少病虫的寄生场所，使有些害虫的蛹和幼虫暴露于地表而死亡。

（4）合理采摘：分批、多次、及时采摘，可抑制茶小绿叶蝉、茶蚜的发生，也可减少部分螨类害虫。

（5）清园封园：冬季茶季结束，将茶园以及茶园四周的枯枝落叶、杂草蒿秆清理出园烧毁或深埋，以减少病虫越冬基数，减轻来年为害。

2. 物理防治

（1）采用人工捕杀，减轻茶毛虫、茶蚕、蓑蛾类、茶丽纹象甲等害虫的为害。

（2）利用害虫的趋性，进行灯光诱杀、色板诱杀或异性诱杀。

3. 化学防治

在病虫害达到严重为害必须使用化学防治的情况下，应在植保人员或茶技人员的专业指导下，选用高效、低毒、低残留农药品种进行针对性防治。

八、茶园间作套种

茶园间作套种应以不影响茶树生长和生产管理为前提。幼龄茶园前期行间有一定的空隙,可适当在步道内套种花生、黄豆、辣椒等粮蔬作物,但不可间作苕、瓜类藤蔓作物。还可以在茶园中有计划地配套种植桂花、杜仲、板栗、银杏等经济林木,达到充分利用土地空间,增加农民经济收入的目的。

第二节　烤烟栽培管理技术

烤烟是重要的经济作物,也是陕南山区产业扶贫的传统项目。种植烤烟实行“统一品种”“统一育苗”“统一烟肥”“统一技术”“统一收购”管理模式,解决了农户的后顾之忧。

一、大田移栽

选择土层深厚、土壤肥沃并种植粮食作物的旱平地或缓坡地,冬前深耕深翻,蓄足雨雪底墒,在移栽前 7 ~ 10 天浅耕耙细并单行起垄,一般垄宽 1 ~ 1.1 米 ,垄高 25 ~ 30 厘米。足墒盖好地膜,紧贴厢面,绷紧拉直;四周用泥土压紧。移栽时要求气温稳定在 12 ~ 13℃ ,地温达到 10℃ 以上,即 3 月下旬至 4 月上旬开始。每亩移栽 1000 ~ 1100 株营养钵苗,株距 0.5 米,行距坡地 1 米、平地 1.1 米。

二、田间管理

1. 查苗补苗

移栽后5~7天开始查苗,发现漏栽、死苗、病弱苗立即补栽。补苗时要补大苗壮苗,带水带肥补栽。补苗最好在下午进行,有利于成活。栽后15~20天,对生长过大的苗子,掐去下部叶片一部分或摘除1~2片,控制生长;对生长过小的苗子,要采用施“偏心肥”、浇“偏心水”的方式实行小苗偏管,最终达到苗全、苗匀、苗壮的目的。

2. 中耕除草

在栽后10天左右,以保墒、保苗、清除垄沟杂草为目的,中耕深度以2~4厘米为宜。中后期以保墒、促进根系生长、除草为目的,中耕深度10厘米为宜,并同时清除底脚叶,进行高培土。

3. 配方施肥

烟苗移栽25天后,根据降雨量的多少和烟苗长势分2~3次追肥。每亩施用烟草专用肥15千克,硫酸钾8千克,硝酸钾5千克。到生长中后期,烟叶有时会出现缺钾现象,这时要及时将浓度为0.5%的磷酸二氢钾溶液喷施叶片及背面。

4. 抗旱与防涝

烤烟需水规律是“前期少、中期多、后期少”。烟苗栽后20天内烟株小,需水不多,一般采取移栽时浇足定根水、缓苗水,在傍晚或清晨采用人工浇灌即可,促使烟株多生新根,早生快发,提高抗旱能力。

5. 适时揭膜

当烟苗长到团棵期时必须揭去地膜。

6. 打顶抹杈

一般在烟田中有50%左右烟株中心花开放时一次性打顶，长势过旺的烟田可打盛花顶，长势较弱的烟田可打现蕾顶，打顶后立即喷淋80～100倍液的“仲丁灵”15～20毫升。抹杈一是早抹，最好在腋芽长到3厘米左右时抹去；二是勤抹，通常5～7天抹1次；三是抹净，连腋芽的基部抹去，抹下的杈须带出烟田。

7. 防病

在团棵期喷农用链霉素1次，预防病害的发生。

三、采收

采收时间一般从6月中旬开始，到9月底结束，采收过程需3个多月的时间。每次采烟一般在上午露水干了以后再采，先采下部叶，7～10天后再采中部叶，上部烟叶从封顶后50～60天开始采收，等待烟叶充分成熟后采收为宜。采烟时以中指和食指托着叶片基部，大拇指放上面，向两侧拧压，即可采下。切勿单纯下压扯拉，以防撕扯茎皮，影响烟株生长。

四、烘烤

目前采用的是智能化的“密集型高效能烤房”，编烟时要把烟叶分成过熟烟叶、适熟烟叶和现熟烟叶3种。装烟时过熟烟叶装烤房的上部高温区，适熟烟叶装中部的中温区，现熟的烟叶装下部的低温区。采用三段式烘烤工艺：变黄阶段→定色阶段→干筋阶段。

五、烟叶分级

烟叶共分42级。根据烟叶的长势和质量情况，烟叶的级别和价格从11个级的三价区提高到了9个级的二价区，使烟农的收入得到了大幅度的提高。

第三节 天麻栽培技术

天麻为多年生草本植物,药用部分为地下块茎,为名贵中药材,有追风镇静作用,治头晕目眩,中风惊痫,语言不遂,瘫痪,风寒湿痹等症。近代研究表明,天麻主要成分为天麻甙、天麻素、香草醛和维生素 A 等物质,临床用来治疗高血压、冠心病、神经衰弱、血管性头痛和抑郁件神经症等。天麻制种、培育种麻在室内进行比室外优越。但人工栽培商品麻的生产,利用天然的山林,比室内栽培产量高,箭麻多且个体大。因此,我们提倡"室内培育种麻,室外栽培商品麻"。

一、选择栽培场地和土壤条件

1. 生态环境

人工栽培天麻应根据当地具体气候条件选定栽培场。即使在同一地区,高山低温多雨,气候冷凉阴湿,生长期短,应选择阳坡或林外栽培天麻;低山夏季干旱少雨,气温高,应选择温度较低,湿度较大的阴山栽培天麻;中山区就应选择半阴半阳稀疏林下栽培。山体的坡度应为 5°~10°平坦的缓坡,陡坡密林不宜栽培天麻。

2. 土壤条件

土壤质地与天麻生长有密切的关系。天麻喜生长在疏松透气沙壤土中,才能满足蜜环菌好气性的特性。沙壤土既保墒又利水透气,避免纯沙土天旱不保墒和黏土不透气引起天麻干腐或湿腐危害。土壤酸碱度 pH 值在 5 ~6 为宜。

二、选择优质种麻

种麻的质量好坏直接影响到栽培后天麻的产量。有性繁殖的种麻以及栽后 1 ~3 代繁殖的种麻均是优质种麻,超过第 4 代每年平均以 17% 的速率退化,连续再种,将有种无收。因此,每年繁殖有性种麻,使种麻永远保持优良种性,是天麻夺取高产和持续健康发展的技术保证。

在栽培前还应对种麻进行严格的挑选:

1. 颜色黄白,前端 1/3 为白色,形体长圆略呈锥形,且有多数潜伏芽。

2. 种麻不宜太大,一般以手指头粗细,重量在 10 克左右为好。

3. 种麻表面无蜜环菌缠绕侵染。

4. 无腐烂病斑和虫害咬伤。

5. 生长锥(白头)饱满,生长点及麻体无撞伤断损情况。凡有断裂及伤口,在栽培后首先形成色斑,继而全部腐烂,且相互传染,不可忽视。

6. 凡是种麻生长点(白头)已经萌发生长者,不能再栽。

三、栽培方法

天麻的分栽方法各地报道较多,但有的方法增产不明显,已逐渐被淘汰。本节主要介绍“菌棒加新棒”“固定菌床”栽培两种方法,实践证明是目前增产效果明显的栽培技术。

1. 菌棒加新棒栽培方法

这种方法既能使天麻同蜜环菌较快地建立接菌关系,又能保证蜜环菌稳定持续地为天麻提供营养,而且新棒又可在下一年用来栽培天麻,一举三得,是目前大面积栽培天麻常用的方法。

在选好的栽培场地挖深 30～40 厘米，长 70 厘米，宽 60 厘米的栽培坑，坑底土壤挖松 10 厘米，上铺浸湿的青刚树落叶 1 厘米厚，将菌棒、树棒相间排列，棒间距离 6～8 厘米，填半沟土压实，将种麻紧靠在菌棒两侧及两头（新棒不放种麻），每根棒放种麻 8～10 个（两头各放 1 个，两侧各放 3～4 个），如有小米麻可撒在中间。在棒间空隙处斜着夹放树枝节数根（如菌棒发菌不旺，还可夹放 2～3 节蜜环菌菌枝），用土覆盖，棒面保持土厚 5～6 厘米，按上法再栽一层，栽完盖土 15～20 厘米，坑顶用落叶或杂草覆盖，盖好后再撒土压实即可。能防止被风吹走，且更能防晒保墒。冬季栽培天麻时，将预先培养好的菌床挖开，取出上层菌棒，下层菌棒不动，只将棒间土按 10 厘米远挖一个斜孔，将麻放在下种孔里，棒上盖土厚 3～5 厘米，撒一层树叶，厚 1 厘米，将上层菌棒加新棒相间排列，填土半沟，将种麻紧靠菌棒两侧和两端，每棒放 8～10 个，棒间斜夹 4～5 根树枝节，盖土厚 15～20 厘米，坑顶龟背形，用树叶（或玉米秆）覆盖即可。将上层未用完的菌棒再加新棒就地可另栽一窝，避免菌棒远距离背运，节省劳力。

2. 固定式栽培方法

室内用竹筐、木箱、盆等栽培，能随意搬动，叫活动式栽培。室外搭遮阴防雨棚栽培，或室内用砂土造畦栽培，叫“固定式栽培”，此方法主要用于天麻的有性繁殖。室内竹筐、木箱栽培一般可根据容器大小，备塑料薄膜一块。铺在筐（箱）底部的塑料薄膜，按 5 厘米 ×10 厘米孔距，剪三排透水孔，孔大小为 1～2 厘米。将薄膜铺入筐内（有孔处对准筐底），将薄膜拉起来围在筐四周，防止漏沙并能保持筐内沙土湿度。先在底部填 10 厘米厚沙土，取箭麻 6～8 个，按 10 厘米 ×15 厘米株行距摆放。注意芽头(鹦哥嘴)向上,盖土 6 ~ 8 厘米,随即在芽头处插一小竹棍为标记,便于检查,以免碰断芽头。室内外造畦栽培:先用砖砌宽 40 厘米,高 30 厘米,长以地形的箭麻栽培池,先在池内堆沙 10 厘米,按 10 厘米 × 15 厘米株行距摆放箭麻,将芽头向上朝外,上盖土 10 厘米即可。

四、栽后管理

1. 防旱、防涝

根据天麻的生长习性,春季天麻刚萌动生长需水量小。6 ~ 8 月是天麻生长旺盛时期,需水量大。9 月下旬以后天麻生长减慢,逐步趋向定型,处于养分积累阶段,不需要大的水分,这时所需要的是昼夜温差大,天麻个体迅速膨大。阴雨连绵、低温高湿,是造成天麻腐烂多、产量低的主要原因。要提前开好排水沟,并加厚覆盖物防雨。反之,丰产不能丰收,天麻越大,烂得越多,损失严重。因此,夏季适时浇水、遮阴,防暑降温和秋后防涝是夺取高产的关键。

2. 防冻害

一般来说在陕南地区,除特别寒冷年份,冻害发生较少。但骤然降温,当栽培层温度降到 -10℃以下时,就会发生冻害。处于上层天麻首先冻坏,生长点变黑进而腐烂,而且栽培的天麻越大,冻害越严重;冬季 10 ~ 11 月突然降温比第二年春季 1 ~ 2 月低温冻害严重;冬栽后窝子未覆盖树叶的比覆盖的冻害严重;冬季栽的天麻窝子比未翻动的窝子受冻害严重。因此,在海拔千米以下地区应尽量赶在上冻前将天麻栽完,栽后覆盖。千米以上地区除栽后覆盖外,还应用塑料薄膜覆盖。同时建议高寒山区在春季栽培天麻,以减少冻害损失。

3. 防治病虫害

(1)病害:天麻病害多为不良环境和粗放管理造成的生理性病害,主要是块茎腐烂,干腐或湿腐,气味腥臭。有的块茎内部充满蜜环菌素,造成腐烂。比较多见和为害较普遍的是杂菌,一般不引起天麻块茎腐烂,但覆盖在菌材表面,与蜜环菌争夺营养、水分和氧气,从而影响和抑制蜜环菌的正常生长,因而又称之为竞争性杂菌。防治的方法:对生理性病害应采取综合防治措施,加强科学管理,尤其是温度、湿度及水分管理,贯彻以防为主,为天麻创造一个适宜生存的环境,减少病害的发生。对杂菌的防治,主要是杜绝菌材、菌枝带菌,采用纯菌种播种和新菌材栽培是重要措施。

(2)虫害:主要有蚜虫、红蜘蛛、蛴螬、介壳虫、白蚁及平菇厉眼蕈蚊幼虫等。

防治方法:蚜虫、红蜘蛛主要为害天麻花茎,可用40%氧化乐果1000~1500倍液喷雾。白蚁可用白蚁灵防治,将药物撒入天麻窝内,或将药粉撒在蚁巢处,用水淋入孔穴杀灭。平菇厉眼蕈蚊的幼虫蛀食共生萌发菌培养料,使之成毡片状,破坏菌丝生长。蛴螬、蝼蛄、介壳虫主要为害天麻块茎,可用90%敌百虫1000~1500倍液喷洒防治。

五、天麻收获加工

1. 收获

冬季11月、春季3月上中旬进行收获,以冬季收获的冬麻品质好,折干率较高。采挖后将箭麻和种麻分开,首先挑选出制种所需箭麻,然后将箭麻按大小分等加工成商品天麻;种麻随即进行扩栽,防止堆放过程中发烧霉烂或冻坏生长点,影响栽培质量。

2. 加工

天麻收获后要及时加工，长时间堆放容易引起腐烂。加工前先进行挑选，将烂麻去掉，然后按下列工序加工。

(1)分级：根据天麻个体大小，可分为三等。重量在150克以上者为一等；75～150克为二等；75克以下及挖断的天麻为三等。

(2)清洗：不同等级的天麻要分别清洗干净，洗净泥沙，要边清洗，边煮麻，不能在水中浸泡过夜，否则加工的商品天麻烘干后易变为暗黑色，影响商品等级和药性。

(3)煮、蒸麻：分等分锅煮麻，一锅水只可连续煮3次麻，如再继续煮水质变浑浊，且白矾数量不足，影响天麻加工后的色泽和质量。煮前先将水烧开，按每50千克水中投放100克白矾，待溶解后，再将天麻投入锅中。一等天麻煮10～15分钟；二等天麻煮7～10分钟；三等天麻煮5～8分钟。天麻量少也可先煮一等天麻，过3～4分钟再放入二等天麻，再过3～4分钟放入三等天麻，一锅煮好后同时捞出。煮时，水深应超过天麻，用木棍不断翻搅，使其受热均匀。快到煮好时，应勤检查，将天麻用竹签插入，拿起对着阳光或在暗处往亮处照看，只要看见透明的天麻中间还有一条笔杆粗细的暗影，即可出锅。也可用手用力捏住天麻，若发出"喳喳"的响声，就说明煮沸时间合适。大量加工天麻时，只要白心占天麻直径1/5以下即为合适。天麻不能煮得太过，太过天麻素损失多，干货率也降低，在烘烤过程中易出现破皮或断裂，损失太大，也影响药效。

麻少时也可采用蒸制法，即将洗净的天麻，按不同等级分别放在笼屉上蒸，小天麻蒸12～15分钟，大天麻上汽后蒸20～25分钟，中天麻蒸15～20分钟，待天麻块茎还留有一条细白心为度。此法天麻素损失量少，但大量蒸制困难较大。

天麻煮好后及时捞出，投入冷水中突然冷却，随即捞出。这样处理的好处是将煮沸过程中天麻体上黏附的不清洁东西漂净，同时骤然冷却可使天麻表皮收缩绷紧，减少皱褶，增加光亮度。

(4)烘干：烘干天麻最好采用烘干机或修建一土温炕，烘干时采取流水作业变温烘烤。炕内初温掌握在 50～60℃为宜，敞开排气口，使鲜天麻体内水分迅速蒸发。如果这时温度过高，超过 80℃，水分追得太快，会烘成皮焦里生，外边一层硬壳，中间烤成焦黄色，大个的天麻中间形成糖心，夏天易生霉，内部的水分再也无法出来，造成大的经济损失。但温度过低，如低于 45℃时，天麻体即发霉变黏易于腐烂。用初温烘烤 4～5 小时，从炕中取出摊开，边晾边整形，待第二炕天麻初温结束，将第一炕天麻入炕，采用中温，温度控制在 45～50℃，使其慢慢干燥，烘 6～8 小时取出，边晾边整形，压成扁平形。这时天麻已有七八成干，堆积起来用麻袋等物捂盖发汗 2～3 天，使天麻体中心的水分渐渐移至表皮。将发过汗的天麻采用终温烘烤，温度控制在 60～70℃，烘至全干，待敲击时发出清脆声时，及时出炕。第三次进炕后应随时检查，因为天麻已接近全干，最易烘焦。在整个烘炕过程中要将大天麻放在烘炕底层，根据干燥程度及时将上下层掉换。采用变温烘炕，流水作业加工方法，优点是避免天麻长时间处于炕内高温熏炕使表面挂的火色较深，天麻商品色泽不鲜亮。同时可以充分利用烘炕，解决烘炕小、天麻多，鲜天麻不能及时入炕的问题。只要经过初温烘炕阶段的天麻，大量水分已散失掉，防止了发霉腐烂。这种方法加工的天麻，成色好，干燥一致，表面皱褶少，易于销售并提高等级，加工成品损失少，是目前较好的加工方法。成品干天麻即可进入市场销售和药用。

第四节 华细辛栽培技术

华细辛为正品细辛，是细辛的地道药材，生于山谷、溪边、山坡林下的阴湿处，以根色灰黄、叶色绿、干燥、气辛香、嚼之辛辣麻舌者为佳，具有祛风散寒、通窍止痛、温肺化饮等功效。目前由于过度采挖，野生资源锐减，保护华细辛种质资源迫在眉睫。陕西省宁强县山区的生态环境适宜于野生华细辛生长，人工栽植已获成功，能有效地保护华细辛种质资源。

一、园地规划

用地周围以阔叶林为好，但其树种不应与华细辛有相同的主要病虫害。用地应选择利于排水，腐殖质含量在4%～5%，pH值在5.0～6.5，以疏松、肥沃、排水良好的腐殖质土和沙质壤土为宜。应根据不同的海拔高度选择不同的坡向。海拔高度在700～1500米之间的山区，以东南、东北坡向为好；海拔超过1500米的山区，宜选择南北或西南坡向为好。具体坡向应根据当地山势、地势灵活选择。

二、整地

选地后，在林下先清除杂树、杂草等。深翻20～25厘米，将清除的树根、杂草焚烧后翻入土中，耙细整平做畦。一般畦宽120厘米，畦沟宽30厘米，沟深15～20厘米，畦间挖好截流沟，以防水土流失。施足基肥，翻地前每亩施厩肥3000～3500千克，并加过磷酸钙15～20千克，翻耕后做畦即可。

三、种子处理

种子播种在 20～30℃条件下，湿度适宜，46～57 天可完成形态后熟，在 17～21℃条件下萌发生根。生根后的华细辛种子还要在 1～4℃条件下再经过 50 天，完成其生理后熟。

四、播种

随着海拔高度的不同，各地应根据土壤的有利时机进行播种，一般在小暑至立秋期间。采用下种耙（播种器）进行人工播种，种子行距为 8 厘米，株距 8 厘米，播种深度控制在 2.5～3 厘米，然后畦面上覆盖一层枯枝落叶，播种量以每亩 1.5 千克为宜。

五、田间管理

1. 搭棚

一般棚高 150 厘米左右，搭棚时按 150 厘米间距顺山成行埋立柱，行内立柱间距离为 200 厘米，立柱入土深 40 厘米左右，立柱埋牢后先放顺杆，顺杆上放横杆，绑牢为宜。一般透光度 50%～60%。如用水泥桩、铁丝及遮阴网为材料搭棚，则作水泥桩 6 厘米×8 厘米×200 厘米，内置直径 6.5 毫米钢筋一根，入土 40～50 厘米，行距 3 米，桩距 2 米，每隔一畦在畦中心栽一排水泥桩，顶部用铁丝按“井”字形固定，上盖遮阳网，并用扎丝固定。

2. 遮阴网规格

育苗用遮阴网透光率以 14%～18% 为宜。

3. 架棚时间

在做畦前埋好立柱，根据出苗情况遮阴。冬季积雪来临之前应及时收回遮阴网，以免积雪将棚架压垮，造成不必要的损失，开春后再盖。

4. 遮阴材料

常用的遮阴材料除遮阴网外,还可以用板条、竹条、秸秆及各种蒿草、树枝等。

5. 调光

根据光照情况调节,一般要求透光率达30%~40%。

6. 追肥

追肥1年2次,应结合第一次松土在展叶初期进行第一次,第二次在立秋后,每次每亩施1.5~2.5千克,地上部分枯萎后上盖头粪,既追施了肥料又有利于植株防寒越冬。追肥采用根侧追肥。适用于根侧追肥的肥料选用尿素、农家肥及磷肥为宜。

7. 灌排水

根据土壤墒情结合追肥进行灌水,生长季节中,如遇雨水少,较干旱,应及时灌水。每平方米灌水15~20千克,有条件的地方可采用喷灌或滴灌。作业道和排水沟要经常清理,防止堵塞。严防积水浸泡。畦内水分过大时,要勤松土,并撤去畦头和畦帮的土,促进水分散失。

8. 除草松土

锄草应在生育期内随时进行,每年进行3~4次。松土第一次可在展叶期进行,以后每隔15天左右进行1次,土壤湿度过大时在浇水后应增加松土次数。第一次松土深度以达到根为宜,应与根系保持适当距离,以免损伤根系。以后要适当浅些。

9. 种子采收技术要求

华细辛果实成熟后期,果实由紫红色变为褐色方可采收,随熟随采。

六、采收

华细辛采收期宜于小满收种后采挖,生长期为5~6年产量较高,宜于采收。采挖可用铲、锄、钉耙等农具,也可铲、锄结合进行。采挖时应一行采收干净后再进行下一行的采收。采挖时应一次将华细辛根系挖出,防止挖断根系造成残次植株。

七、华细辛加工

华细辛采挖后,去净泥土,每10株扎成一小把,用绳扭结成辫,在屋檐下阴凉通风处阴干。切忌水洗或晒干,水洗则叶片发黑,根发白;日晒则叶片发黄,均降低气味,影响质量。干品贮藏于通风干燥处,防止破碎、受潮、发霉,折干率20%左右。

第五节 黄连种植技术

黄连是一种常用中药,因根茎呈连珠状而色黄,所以称之为“黄连”,是40种大宗中药材之一,而且也是30种名贵药材之一。

一、生长习性

黄连喜高寒冷凉环境,喜阴湿,忌强光直射和高温干燥。野生多见海拔1200~1800米的高山区,栽培时宜选海拔1400~1700米的地区。植株正常生长的温度范围为8~34℃,低于8℃时植株处于休眠状态。黄连生长期较长,播种后6~7年才能形成商品,栽后3~4年根茎生长较快,第5年生长减慢,6~7年后生长衰退,根茎易腐烂。

黄连种子有胚后熟和休眠的特性,经3~5℃的低温湿沙贮藏5~6个月,即可解除休眠,发芽率可达90%左右。种子寿命受贮藏条件的影响很大，干藏和常温湿沙藏均不易保持种子较长寿命。一般在 -2 ~0℃和一定的湿度条件下能保持种子的多年生命力。

二、栽培技术

1. 选地、整地

黄连对土壤要求较严，以土层深厚、肥沃、疏松、排水良好，富含腐殖质的壤土和沙壤土为好。土壤 pH 5.5 ~7 为宜。忌连作。早晚有斜射光照的半阴半阳的缓坡地最为适宜，但坡度不宜超过 30°传统多用搭棚连栽。现多利用林间连栽或同其他作物套作。林间连栽时，宜选用郁闭度较好的矮生常绿或落叶阔叶混交林、常绿针阔叶混交林为好，不宜选用高大乔木。整地前进行熏土，方法是：选晴天将土表 7 ~ 10 厘米的腐殖质土翻起，捡净树根、石块，待腐殖质土晒干后，收集枯枝落叶和杂草进行熏土。此法有利于提高土壤肥力，减少病虫害和杂草。熏土后，耕翻 15 厘米，捡净树根等杂物，每亩施入农家肥 4000 千克左右作基肥，耙匀整平，做成宽 1.5 米、高 30 厘米的畦，畦沟宽 50 厘米。畦面略成弓形。

2. 种植方法

（1）播种：直接采收后的种子可在夏季播种，贮藏后的种子宜选在 10 ~ 11 月播种。亩播量 2.5 ~3 千克。播种前用细腐殖质土 20 ~ 30 倍与种子拌匀，按量撒播畦面，播后稍压，覆盖细土。冬季干旱地区，播后盖一层落草，以保持土壤湿润。翌春解冻后，揭去盖草，以利出苗。夏播较少采用。

（2）移栽：幼苗移栽可在 2 ~3 月、6 月或 9 ~ 10 月 3 个时期进行，尤以 6 月移栽最好。但低海拔地区只在 2 ~ 3 月或 9 ~ 10 月移栽。移栽宜在阴天或雨后晴天进行，取生长健壮、具 4 片以上真叶幼苗，连根挖起，剪去部分须根，留2～3厘米长，按株行距各10厘米，正方形栽植。深度视移栽季节和苗大小而定，春栽或苗小可栽浅些，秋栽或大苗可稍深些，一般为3～5厘米，地面留3～4片大叶即可。通常上午挖苗，下午栽种，如起挖的苗当天未栽完，应摊放在阴湿处，第二天栽前如移栽时，用$(0.05 \sim 0.1) \times 10^{-6}$的ABT生根粉浸根10分钟，可明显提高黄连苗移栽成活率，促进其生长发育。

3. 田间管理

(1)苗期管理：播种后，翌春3～4月出苗，出苗前应及时除去覆盖物。当苗具1～2片真叶时，按株距1厘米左右间苗，6～7月可在畦面撒一层约1厘米厚的细腐殖质土，以稳苗根。阴棚应在出苗前搭好，1畦1棚，棚高50～70厘米，郁闭度控制在80%左右，如采用林间育苗，必须于播种前调整好郁闭度。

(2)补苗：黄连苗移栽后，常有死苗，一般6月栽的秋季补苗，秋植者于翌春解冻后补苗。

(3)中耕除草：如育苗地杂草较多，每年至少除草3～5次，移栽后每年2～3次，如土壤板结，宜浅松表土。

(4)追肥、培土：育苗地在间苗后，每亩施稀粪水2000千克，8～9月再撒施干牛粪200千克，翌春化雪后，再施入以上肥，移栽后2～3个月，施1次稀粪水，9～10月和以后每年3～4月和9～10月，各施肥1次。春肥以速效肥为主，秋肥以农家肥为主，每次每亩施2000千克左右，施肥量可逐年增加。施肥后应及时用细腐殖质土培土。

(5)调节郁闭度：不管是阴棚还是林间，都应注意调节适宜的光照条件，以利黄连正常发育。一般移栽当年郁闭度为70%～80%为宜，以后每年减少10%左右，至收获的当年，可于6月拆去全部棚盖物和间作树枝叶，以增加光照，抑制地上部生长,增加根茎产量。

4.病虫害防治

(1)白粉病:5月下旬始发,7~8月为害严重,主要为害叶部。防治方法:适当增加光照,并注意排水;发病初期,将病叶集中烧毁;用庆丰霉素80国际单位或70%甲基托布津500倍液喷施。

(2)炭疽病:5月初始发,为害叶片,严重时致使全株枯死。防治方法:冬季注意清洁田园;用1∶1∶(100~150)倍波尔多液,或代森锰锌800~1000倍液喷雾。

(3)白绢病:6月始发,7~8月为害严重,为害全株。防治方法:拔除并烧毁病株,用石灰粉处理病穴,或用多菌灵800倍液淋灌。

(4)蛞蝓:3~11月发生,咬食嫩叶,雨天为害严重。防治方法:用蔬菜毒饵诱杀;清晨撒石灰粉。

(四)采收与加工

黄连一般在移栽后5年收获,宜在11月上旬至降雪前采挖。采收时,选晴天,挖起全株,抖去泥土,剪下须根和叶片,即得鲜根茎,俗称“毛团”。鲜根茎不用水洗,应直接干燥。干燥方法:多采用炕干,注意火力不能过大,要勤翻动,干到易折断时,趁热放到槽笼里撞去泥沙、须根及残余叶柄,即得干燥根茎。须根、叶片经干燥去泥沙杂质后,亦可入药。残留叶柄及细渣筛净后可作兽药。

(五)留种技术

黄连移栽后2年就可开花结实,但以栽后3~4年生的植株所结种子质量为好,数量也多。一般于5月中旬,当果由绿变黄绿色,种子变为黄绿色时,及时采收。采种宜选晴天进行,将果穗从茎部摘下,盛入细密容器内,置室内或阴凉地方,经2~3天成熟后,搓出种子。再用2倍于种子的腐殖质细土或细沙与种子拌匀后层积保藏。

第六节 重楼栽培技术

重楼,种名云南重楼,别名:滇重楼、草河车、独脚莲、七叶一枝花、海螺七、土三七等,主要分布在云南、贵州、四川、陕西等省份。

一、生物学特性

1. 形态特征

重楼为多年生草本,实为根茎多年生,茎叶1年倒苗。具有越冬期比较长,营养生长期较短,生殖生长期较长的特点。一般头年11月中、下旬倒苗后即进入越冬,到翌年3月萌动,5月从台叶盘上抽薹开花,营养生长仅有1个月的时间。从5月开花到10月种子成熟的生殖生长期长达5个多月。

2. 生长习性

(1)地理环境:野生重楼生长于海拔700~1100米地带的山谷、溪涧边,阔叶林下阴湿地。

(2)土壤:最宜生长于腐殖质含量丰富的壤土或肥沃的沙质壤土,在碱土或黏土中不能生长。

(3)水分:喜凉爽、阴湿、水分适度的环境,既怕干旱又怕积水。

(4)温度:植株较耐寒,低温无冻害。2月下旬至3月上旬气温5℃,乃至最低气温2℃亦能出芽生长,气温在-2~1℃时对芽头不产生冻害。

(5)光照:重楼属喜阴植物,喜斜射或散光,忌强光直射。

二、栽培繁殖

1.选地整地

重楼对气候和土壤类别要求不严,但力求有利于生长发育的特殊小气候。首要的是选择日照较短的背阴缓坡地或平地,质地疏松,保水性、退水性都比较强的砂潮地、灰泡土、腐质土地种植最为理想。重楼根系不深,采取一般整地后,理成120~150厘米宽的厢,每亩施土杂肥或森林腐殖质肥3000~5000千克,浅锄1遍,使耕作层肥土均匀,整平整细待种。重楼以种子繁殖为主,亦可用根茎繁殖。

2.种子繁殖

采用直播。但为节种和密植高产,可采用种子育苗移栽。

(1)直播:于1月上、中旬透雨后,在整好的厢面上以行距30~35厘米,株距20~25厘米,打3~5厘米深的小浅窝,宽130厘米的窄厢打4行,宽150厘米的厢打5行。播种前将种子冷浸24小时后,拌草木灰播种,每窝下种2~3粒,播后覆盖细粪细土各半的肥土2~3厘米,土干应及时浇水,7~10天萌发出苗。

(2)育苗移栽:是节省种子和争取节令的重要措施。于4月上旬在旱地或菜园地中做苗床,最好用杀菌剂进行土壤消毒,然后反复翻挖表土层,育苗1个月后,按直播规格,把小苗移栽大田。

3.根茎繁殖

秋、冬季采挖健壮、无虫害根茎置于阴凉干燥处砂贮,于翌年4月上、中旬取出，将有萌发能力的芽茎切成小段，每段保证带1个芽眼，切好后适当晾干并拌草灰，栽于苗床，并盖农膜，11～20天后断根上萌芽生根长芽后，于5月上旬按直播规格移栽大田。

三、管理技术

1. 间苗补苗

5月中、下旬对直播地进行间苗，同时查苗补缺。间苗前要先浇水，用小铁铲撬取苗；补苗时浇定根水，充分利用小苗，保证全苗和足够的密度。

2. 中耕除草

重楼要求土壤疏松。地上部分长势较弱，要特别注意松土除草。一般在5月下旬到6月上旬，暴雨多，土壤易板结，要及时排水、防涝，要勤中耕、浅松土，随时注意清除杂草。

3. 遮阴

重楼喜阴蔽、怕强光，全生育期均以半阴半阳为好。因此出苗移栽后，就要采取遮阴措施。在有条件的地方，最好采用遮阳网；没有条件的地方，可采取插树枝遮阴的办法。还可在行间套作玉米遮阴，但要注意间套密度和带型。

4. 追肥

重楼通常有上面开花、下面块茎就膨大的生长规律，一般6月中、下旬到8月生长快。必须在6月上旬重施追肥，每亩用腐熟的农家稀粪2000～3000千克，加普钙20～30千克，追于根部后，结合清沟培土，保持厢面松散，沟底无积水。

四、病虫害防治

1. 黑斑病

病害从叶尖或叶基开始，产生圆形或近圆形病斑，有时病害蔓延至花轴，形成叶枯和茎枯。防治措施：注意排水排湿，降低空气湿度，减轻发病。发病初期喷洒50%甲基硫灵1500～2000倍液，或50%多菌灵1000～1500倍液。

2. 茎腐病

此病多发生于苗床，高温多雨大田期为害更为严重。首先在茎基部产生黄褐色病斑，病斑扩大后，叶尖失水下垂，严重时茎基湿腐倒苗。防治措施：与禾本科作物实行3年以上轮作；移栽前苗床喷50%多苗灵可湿性粉剂1000倍液，作为“送嫁药”；剔除病苗；大田发病初期用95%敌克松可湿性粉剂1000倍液灌根，每隔10天1次，连灌2～3次。

3. 金龟子

以成虫（炒豆虫）为害叶片，以幼虫（白土蚕）咬食根茎。防治措施：晚间火把诱杀成虫，用鲜菜叶喷敌百虫放于厢面诱杀幼虫；整地作墒时，每亩撒施5%辛硫磷颗粒剂1.5～2千克，或绿地从青2～3千克。

五、采收

秋季倒苗前后，即11～12月至翌年春季萌动前，即3月以前均可收获。重楼块茎大多生长在表土层，容易采挖，但还是要注意保持块茎完整。先割除茎叶，然后用锄头从侧面开挖，挖出块茎，抖落泥土，清水刷洗干净后，趁鲜开片，片厚2～3毫米，晒干即可。阴天可用30℃左右微火烘干。

第七节　白及种植技术

白及为兰科白及属多年生草本植物，别名白根、地螺丝、白鸡娃、羊角七、紫兰、刀口药、连及草等。以块茎入药，能收敛止血，消肿生肌；治肺结核咯血、支气管扩张咯血、胃溃疡吐血、尿血、便血等症。外用治外伤出血、烧烫伤等症。

一、白及生长发育对环境条件的要求

白及喜温暖、阴凉和较阴湿的环境，不耐寒，野生在丘陵和低山地区的溪河两岸、山坡草丛中及疏林下。故应选择肥沃、疏松而排水良好的沙质壤土或腐殖质壤土栽培，要求栽培在阴坡或较阴湿的地块。

二、栽培

1. 选地与整地

选择土层深厚、肥沃疏松、排水良好、富含腐殖质的沙质壤土以及阴湿的地块种植。前一季作物收获后，翻耕土壤 20 厘米以上，每亩施入腐熟的农家肥 1500～2000 千克作基肥。在栽种前，再浅耕 1 次，然后整细耙平。

2. 种植方法

在生产上，白及主要用其块茎繁殖。在贵州地区，一般在 9～10 月收获时，选择当年生具有老秆和嫩芽、无虫蛀、无采挖伤者作种植材料，随挖随栽。在整好的地上开宽 1 米左右、高

30 厘米左右的厢，按行距约 30 厘米、窝距 30 厘米左右挖窝，窝深 10 厘米左右，窝底要平。将具嫩芽的块茎分切成小块，每块需有 1～2 个芽，每窝栽种茎 3 个，平摆窝底，各个茎秆靠近，芽眼向外，呈三角形错开。栽后覆细肥土或火灰土，浇一次腐熟的稀薄人畜粪水，然后盖土与厢面齐平。

三、田间管理

1. 中耕除草

白及植株矮小，压不住杂草，故要注意中耕除草，一般每年 4 次。第一次在 3～4 月出苗后；第二次在 6 月生长旺盛时，因此时杂草生长快，白及幼苗又矮小，要及时除净杂草，避免草荒；第三次在 8～9 月；第四次结合收获间作的作物浅锄厢面，铲除杂草。每次中耕都要浅锄，以免伤芽伤根。

2. 水分管理

白及喜阴湿环境，栽培地要经常保持湿润，遇天气干旱及时浇水。7～9 月干旱时，早晚各浇一次水。白及又怕涝，雨季或每次大雨后及时疏沟排除多余的积水，避免烂根。

3. 追肥

白及喜肥，应结合中耕除草，每年追肥 3～4 次。第一次在 3～4 月齐苗后，每亩施碳铵 4～5 千克，对腐熟的稀薄粪水施用；第二次在 5～6 月生长旺盛期，每亩施过磷酸钙 30～40 千克，拌充分沤熟后的堆肥，撒施在厢面上，中耕混入土中；第三次在 8～9 月，每亩施入腐熟的人畜粪水拌土杂肥 2000～2500 千克。

4. 与其他作物间作

白及植株矮小，生长慢，栽培年限较长，头两年可在行间种短期作物，如萝卜、青菜等，以充分利用土地，增加收益。

四、病虫害防治

1. 烂根病

多在春夏多雨季节发生。防治方法：注意排涝防水，深挖排水沟。

2. 地老虎、金针虫

可人工捕杀和诱杀或拌毒土，用 50% 辛硫磷乳油 700 倍液浇灌在床上。

五、采收与加工

白及种植 2～3 年后，9～10 月地上茎枯萎时，挖出块茎去掉泥土，进行加工。将块茎单个摘下，选留新秆的块茎作种用，剪掉茎秆，在清水中浸泡 1 小时后，洗净泥土，放沸水中煮5～10 分钟，取出烘至全干。去净粗皮及须根，筛去杂质。一般亩采收鲜品 800～1000 千克，可加工 200～300 千克。以个大、饱满、色白、半透明、质坚实者为佳。

第八节　猪苓半野生栽培技术

猪苓为我国常用的菌类药材，已有 2000 多年的药用历史。具有喜冷凉、阴郁、湿润，怕干旱的特性。

一、选择场地

半野生栽培猪苓，主要在自然林中依靠天然条件生长，因此，选择适宜猪苓生长的场地，对产量是至关重要的。

1. 营养条件

猪苓依靠蜜环菌提供营养，而蜜环菌又必须寄生或腐生在树木上，以次生的小灌木薪炭林最适宜栽种猪苓。这种林地土壤中有密集交错的粗细树根，并有大量落叶，成为蜜环菌所需营养的不断来源；土壤中分布的蜜环菌及其他分解落叶的微生物也很多，腐殖质层深厚，为猪苓的生长创造了条件。

2. 温度条件

宜选择海拔1000～1500米的山区栽种。地形平坦，沟洼及15°以下缓坡地均可种植。高山雨水多温度低，宜选择阳山；中、低山区温度高雨水少，宜选择半阴半阳的早、晚阳山。太阳照不到的阴山沟不适宜栽种猪苓。

3. 水分条件

半野生栽种猪苓主要靠自然降水浇灌，保持充足较稳定的土壤湿度，是提高猪苓产量的关键。为防止土壤水分大量蒸发，宜选择有一定林木遮阴的条件，并能够间隔照射阳光的林地。

二、培养蜜环菌材

1. 菌种

应选择有资质正规菌种厂生产的菌种。

2. 培养菌种枝与菌材

与天麻一样，可参照天麻菌枝与菌材的培养方法。

三、播种前的准备工作

1. 选择苓种

应选择生活力旺盛的猪苓菌核作苓种。灰苓年幼，生活力强，断面菌丝白色，含水分大，萌发新苓多，是最佳的种苓。黑苓也可作种苓，但应具有弹性，断面菌丝白色或微黄色，新鲜无霉变，未干燥的菌核。菌核无弹性、断面菌丝黄色、体内有许多空腔的老苓不宜作种苓。而幼嫩的白苓极易霉变腐烂，也不能作种苓。菌枝未培养好，挖到种苓后可埋入沙土中数月，不影响种苓生活力。

2. 收集树叶

猪苓栽培穴中放入大量树叶，不但增加猪苓生长所需营养，并有保温、保湿、防旱的良好效果。因此，在栽培时应大量利用树叶。

收集树林中阔叶树种的树叶，都可用来伴栽猪苓。栽前一两日在树叶堆中均匀洒水，并不断拌和，闷放后使干叶湿润，即可使用。

四、栽培方法

1. 栽植期

猪苓菌核无明显的休眠期。冬季温度、湿度条件适合，仍可生长。采挖野生猪苓作种苓，除冬季结冻期不能栽种外，其他时间都可栽种。翻栽人工猪苓，以 3～5 月最适宜，此期头年生长的白苓都变成了灰苓，正适合作种。如作药用，黑苓经冬季水分减少而气温逐渐升高，有利于加工干燥。冬 10 月下旬翻栽，新生长的新苓仍具有雪白的苓头，栽后易腐烂。

2. 下种量

猪苓菌核有大有小，栽植前可将大块菌核由离层或菌的细腰处分开，成 100～150 克的小块，每穴下种 1～2 块。

3. 栽种方法

在灌木树丛旁挖深 10 厘米左右、长 1 尺的小坑，能见到有较粗（直径 4～5 厘米）的树根及纵横交错生长的毛细树根。栽坑底部先铺一层半腐烂的潮湿树叶和树枝，平放入一根菌材，猪苓菌核夹在树根与菌材之间，然后再盖一层树叶，覆土填平穴，穴顶再盖一层较厚的树叶。

五、田间管理

猪苓菌核生命力很强,并具有顽强的抗逆力。一般年份干旱、雨涝、高温、低温只能影响猪苓菌核的生长和产量,而不会威胁其生命的存活。当外界环境条件恶劣时,菌核停止生长,白苓皮色变灰、变黑,当条件适宜时,它又会重新生长,或萌发出新苓。

半野生栽培猪苓的方法,不需要特殊管理,一般自然雨水和温度条件及树木根上寄生的蜜环菌源源不断地供给营养,猪苓便可旺盛生长,获得较高产量。夏季猪苓生长旺季如遇干旱,如果有水源的,可引水浇灌。半野生栽培猪苓的重要管理措施,是每年春季在栽培穴顶加盖一层树叶,它可大大降低土壤水分蒸发,对防旱起到良好的效果。同时,腐烂后的树叶,又可补充和增加土壤中的有机质,提高土壤肥力和猪苓产量。

六、收获加工

猪苓生长新苓后,母苓不会腐烂,由于生活的树根及每年覆盖的树叶不断增加和供给营养,可延长收获年限,一般栽后 4 ~ 5 年收获。采挖方法很简单,用铁锹挖出猪苓菌核,并留少量与蜜环菌连接的菌核在土中,盖一层树叶后覆土一浅层,猪苓可继续生长。收获后选出种苓,老苓及时晒干,除去泥土,即可成为商品猪苓。

第九节 银杏采叶园建设技术

银杏树又名白果树,是我国的瑰宝,珍稀可贵,被誉为地球的"长寿树""活化石",银杏树是具有很高药用价值的植物,其叶、果实、种子均有较高的药用价值。

建园选择:叶用银杏园的立地条件要求地势平坦,排灌条件良好,且肥沃的壤土或沙壤土。在陡薄坡地不宜建叶用银杏园。

一、定植技术

株行距40厘米×100厘米或50厘米×100厘米,亩植1666株或1334株。也可实行大小行栽植,密度可选择1.0米×0.3米和0.5米×0.3米。另外,为充分利用土地,建园栽植稀的1~2年内可间作矮秆作物,如花生、黄豆等。

二、土肥水管理

要想获得丰产、优质的银杏叶,必须加强土壤管理,保证充分的肥水供应。土壤管理主要是除草保墒,生长季节结合除草每半个月进行一次浅锄,以减少地表水蒸发,保持土壤水分。每年秋季采叶后至封冻前,可结合土壤翻耕深施有机肥;在银杏生长前期(4~5月)要加大追肥量,追肥以氮肥为主,适当配磷钾肥;中后期(7月下旬)追磷钾肥。同时,在生长期进行3~4次叶面喷肥(可用尿素、磷酸二氢钾等),能显著提高叶片产量和叶片的品质。

三、整形修剪

叶用银杏园以采叶为主，为了便于叶片采摘和树体管理，采叶树应采用矮干、低冠的杯形或圆头形为宜，主干高度控制在150 厘米以下，定干剪口下选择不同方位萌生的 3 个枝作主枝，主枝上再培养多级侧枝。

四、病虫害防治

银杏病虫害较少，主要易受茎腐病、叶枯病、大蚕蛾、卷叶蛾等为害，在选用良种、加强管理、及时处理病株的基础上，要及时喷药防治。药剂可选用50% 多菌灵 600 ~ 700 倍液、70% 甲基托布津 800 ~ 1000 倍液等。

五、银杏叶的采收

银杏叶宜分期采收，一般从 8 月上旬开始，先采基部叶片，再陆续采收中部和上部叶片。每次采摘短枝的 1/3 叶片，最后一次在银杏叶即将变黄时一次采完。银杏叶若集中一次采完，既影响叶片质量，又会使树体形成二次生长，影响其安全越冬。为防止冬芽萌发，在当地早霜期来到之前，一定要保留顶梢的 3 ~ 5 片叶，不可全部采完。另外，采叶前应避免灌水，以保证叶片质量和鲜叶在运输过程中的安全。银杏叶采集后应立即堆在场上或水泥地面上晾晒，以防发热生霉，同时清除杂草、树枝、泥土及霉烂叶等杂物，晾晒厚度 3 ~ 5 厘米，每天翻动 2 ~ 3 次，3 ~ 4 天达到半干状态后即可进行保存或出售。

要特别注意的是：银杏绝不可夏秋两季双重采收，双重采收不仅叶片的产量和质量不能提高，反而有伤树体，从而造成较大的经济损失。

第十节 魔芋高产高效栽培技术

魔芋喜温暖、怕高温,喜散光、怕强光,喜阴湿、怕水浸,喜沙壤、怕黄泥,喜钾肥、怕氮肥。植株发育喜稳定的温暖气候,忌高温多变的环境特点。

一、选地整地

魔芋在我县的适种区域为海拔 700 ~1400 米地区,应选择3 年内没有种过魔芋且排水良好的树林下,尤以半阴半阳的沙壤地、石渣透水缓坡地最佳。连作 2 年后要与禾本科作物倒茬。冬前深耕冻垡,播种前整平耙细。

二、选择播期

一般以旬均气温达 10℃以上为适宜播期。我县一般为 3 月上中旬至 4 月初播种。

三、选种并消毒

选择无伤痕,无霉烂,芽尖粉红,芽长 1 厘米左右,顶端凹陷,重 0.1 ~0.5 千克的种芋;播前晒种 1 ~2 天,大小分级,然后再用龙克菌或 50% 甲基托布津 500 ~600 倍液均匀喷雾消毒,或用高锰酸钾 500 倍液,或农用链霉素 500 倍液泡种半小时。

四、起垄套种

1. 套种带型

魔芋喜阴,要与高秆作物(早玉米)套种,选择 4.5 尺宽带型,起2尺宽的垄栽魔芋。行株距为种芋直径的6倍,较大的种芋种1~2行,较小的种芋可以在2尺的带上种3~4行,预留2.5尺待种(栽)两行间距1.5尺的玉米。

2. 施足底(基)肥

先挖1尺宽、0.5尺深的施肥沟,每亩施入25~30千克硫酸钾三元复合肥及3000~5000千克腐熟的农家肥,回土填平,再沿施肥沟两侧挖窝种魔芋或直接开沟播种,将肥料施在两个种芋之间。要注意种芋斜放,与地面呈45°角,相邻两行种芋交错摆放。播种后培土起垄,盖种土厚15~20厘米,亩种魔芋2000~4000株。清明前后于垄沟一侧套种(栽)两行早熟玉米,株距23~26厘米,亩种玉米2000~2200株,然后在两行玉米之间开深15~20厘米的排水沟。玉米前期可为魔芋遮阴,成熟后及时收获,割除茎叶促魔芋生长。

3. 垄面秸秆覆盖

播种后在垄面覆盖玉米秆、稻草、松树叶等,可以起到保温保湿、防止杂草及地表土壤板结的作用。

五、除草追肥

1. 除草

一般魔芋播种2个多月后才能陆续出苗,地表滋生杂草,在魔芋出苗栽玉米苗前,亩用20%克无踪或草甘膦等灭生性除草剂150~200毫升对水50千克喷雾除草,或者喷施玉米苗后除草剂除草。出苗后至散盘前用手拔除杂草,不要机械锄草,以免碰伤根茎及叶片。魔芋叶片全部展开后至收获时就不必扯草及人为踩踏。

2. 提苗肥

齐后可结合拔草在距茎秆3寸处浇施稀尿粪水1~2次,以底(基)肥为主,不提倡打孔追肥。

3. 叶面喷肥

9 月上旬用 0.3% 磷酸二氢钾喷雾防早衰,可与喷防病药结合起来。

六、防治病虫害

主要是防治细菌性软腐病,要以预防为主。疏通"三沟",做到明水能排,暗水能降。齐苗后至散盘前后用杀菌剂代森锰锌或甲基硫菌灵或农用链霉素等 2000 ~ 3000 倍液喷雾,每隔 15 ~ 20 天喷 1 次,连续喷 3 ~ 4 次。将药液重喷,顺茎秆下渗至地表处,可起到预防软腐病的作用。若发现中心病株,应及时带出田外烧毁并用生石灰撒施病窝消毒。

七、堆肥

利用夏秋高温季节搜集秸秆杂草堆沤有机肥,为来年魔芋高产奠定基础。

第十一节　魔芋收获与安全贮藏技术

魔芋主要分布在长江中上游的陕西汉中、安康和云南、贵州等山区。近几年魔芋的价格连续攀升,企业加工的魔芋精粉及其制品的出口量日益增长,及时收获与种芋的安全贮藏,直接关系到翌年面积的扩大。冬季强低温雨雪冰冻天气,极端低温达 -5℃以下,种芋就会被全部冻坏,给农户造成严重损失。

一、魔芋的收获

1. 适期收获

商品魔芋在地上部植株自然倒伏 7 ~ 10 天以后开始收获，而作种用的魔芋应延迟 30 ~ 40 天，此时干物质含量增高，含水量降低，球茎更趋成熟，对贮藏极为有利。

2. 收获的时间

陕南一般在 11 月以后。但采收的最迟时期为日平均最低气温不低于 5℃时，否则将发生低温冷害。

3. 收获的方法

选择晴天上午收挖至下午 3 时，剔除损伤和带病魔芋，晾晒表皮适当风干后，分别装箱。要轻拿轻放，避免人为损伤。

4. 灭菌处理

收挖后晾晒 3 ~ 4 天后用 50% 的多菌灵或 50% 龙克菌可湿性粉剂 500 倍液喷施 1 ~ 2 次，或用硫黄粉∶生石灰∶草木灰 = 1∶1∶1的复混粉撒在其周围或表面。

二、种芋的安全贮藏

1. 贮藏期的生理变化

(1)后熟期：球茎内部代谢旺盛，呼吸作用很强，表皮尚未木栓化，球茎内的水分迅速蒸发，重量显著减少。

(2)深休眠期：此时球茎内酶活性减弱，对温度反应不敏感，球茎处于深休眠状态，在任何有利萌芽环境条件下均不会萌芽。

(3)休眠解除期：越冬到翌年春，球茎内的葡甘聚糖酶、淀粉酶活性几乎没有变化，过氧化氢酶活性逐渐下降，多酚氧化酶活性逐渐增强，呼吸较弱。

(4)芽伸长期：开春后，球茎的休眠完全解除，只要环境适宜,便可萌芽生长,形成植株。

2. 种芋贮藏的方法

(1)地窖贮藏:在土壤坚硬的山坡或土丘旁挖建地窖,其大小以贮藏量的多少来确定。入窖前用福尔马林和高锰酸钾混合后进行熏蒸消毒3~4小时,或用稻草、茅草猛烧一遍。冬季低温时应密闭窖门。

(2)埋藏:在地势较高,排水方便,背风向阳的地方,挖一条深100厘米左右,长宽随贮藏量而定的地下坑,在坑底层及四周铺一层稻草或玉米秸秆,然后将种芋放入坑内,上覆30厘米左右干草封闭,并覆盖防雨农膜等排水。

(3)室内保温贮藏:在室内用竹帘子或细木条平铺,距水泥地面20~30厘米,竹帘子上覆玉米芯或秸秆,将种芋堆放后,四周覆盖草等保温材料。

(4)河沙贮藏:在通风保温的屋角处,用火熏烤或用高锰酸钾等溶液消毒后,在地面铺垫一层厚8~10厘米的河沙,干湿度以手捏成团,落地散开为宜。芽眼向上,平放一层种芋覆一层河沙,直到堆放4~5层为止。

(5)楼板烟熏堆放贮藏:农户土灶或地炉上面有柴楼的,堆放种芋被烟熏火烤,不仅能保温,还能起到良好的消毒杀菌作用。

三、贮藏期间的管理

1. 前期管理

贮藏初期球茎呼吸作用旺盛,释放热量大,应通风换气,散热降湿,温度稳定在7~10℃,相对湿度稳定在70%~80%,随时剔除腐烂球茎并撒石灰消毒。

2. 中期管理

球茎呼吸及蒸腾作用减弱，外界温度低，种球茎易遭受冷害或冻害，应采取以保温防寒为主的管理措施，保持温度不低于5℃，最低不低于-1℃。

3. 后期管理

立春以后，气温逐渐回升，球茎的休眠期已解除，宜控制在10~12℃，相对湿度80%左右，防止“老死芽”的形成。

第十二节　干果栽培关键技术

一、干果建园

（一）地块选择

核桃、板栗、柿子都是喜阳的深根性果树，故应选土层较厚的阳坡、半阳坡建园。

（二）品种选择

1. 核桃

应选辽核1号、辽核3号、中林1号、香玲、鲁光、新早丰、新萃丰等早熟优质核桃。新疆薄壳核桃实生苗也可作为早熟品种选用，但以当地乌米子核桃最佳，可以嫁接繁殖。

2. 板栗

应选40粒左右500克，含糖量高的品种，如北京虎爪栗、毛板红、安栗1、安栗2号、红光栗等。

3. 柿子

应选个大、味甜、无核的鲜食加工兼用型品种,如牛心柿、磨盘柿等。

(三)栽植密度

1. 核桃

坡度大可用4米×4米的株行距,地较平用4米×4米或4米×6米。

2. 板栗

坡度大用2米×3米,地平用3米×3米。

3. 柿子

用3米×3米。

(四)栽植坑的准备

1. 挖坑

坑大60厘米见方,表层熟土与生土分开堆放。

2. 回填

在坑底填一层农家肥(每坑2~3铁铲),然后回填熟土,最后填生土。

(五)栽植时间

1. 秋栽

9月下旬至10月栽最好,当年可发新根。

2. 春栽

2月下旬至3月上旬气温、地温回升时栽。

(六)栽植

1. 树苗准备

树苗挖掘时尽量要保持完整根系,主根完整的苗子要剪去一小段(1/4~1/3)的主根。

2. 根蘸泥浆或保水剂

栽苗前先和一桶稀泥浆，每桶加 250 克磷肥（有保湿剂加 50 克保湿剂），然后将苗根蘸上泥浆晾几分钟后栽植。

3. 栽植

栽树深度应掌握根颈与坑沿相齐，边填土边轻提苗子使根系舒展，踩实后灌水。

4. 堆虚土保温保墒，提高成活率

秋栽树栽好后在树下堆 30 ~ 40 厘米高的虚土保温保水。第二年春视天气情况决定刨开与否，如雨多则刨开。5 月初刨开虚土。

二、新栽幼树的定干

定干是把幼苗树干留一部分剪截，目的是促进侧枝抽条。

1. 定干时间

树体发芽前，大约在 3 月中、下旬。

2. 定干高度

(1) 核桃：核桃嫁接苗留 50 ~ 60 厘米定干；新疆薄壳核桃实生苗 50 厘米以上即可定干，高度是干原高的 1/2 ~ 2/3，苗粗壮留高，苗细弱留低。

(2) 板栗：留 40 ~ 50 厘米定干。

(3) 柿子：留 60 ~ 80 厘米定干。

三、冬、春、秋修剪

（一）修剪的基本方法

1. 短截

指把枝条从靠近基部或中部，或梢部剪去一段的剪法。分轻短截、中短截、重短截。短截的目的是促发新枝，轻短截和重短截发枝较弱较短，中短截发枝较强而长。轻短截有利于花芽形成。

2. 疏枝

指把枝条齐基部剪掉(不留桩)的剪法。主要用于剪去过密枝、重叠枝、直立枝、过旺枝、背下枝、内向枝和病虫枝。疏枝可调节树势,改善通风透光条件;加强剪口下部,削弱上部,剪锯口伤口越大,加强下部、削弱上部的作用越强。

3. 回缩

指把多年生枝在剪锯口留一向上或斜向上的转旺小枝截断的剪法。主要用于衰老树的衰老枝、下垂枝的修剪,其作用是更新复壮树势。

4. 刻芽

对偏冠的幼树在缺枝条的方位选一芽子,在春季芽萌动时于该芽眼上方 0.5 ~1 厘米处横刻一刀,促使该芽萌发抽枝。

5. 修剪的基本原则

要做到"三稀三密一结合",即大枝稀小枝密,上稀下密,外稀内密,冬剪和夏剪相结合。

(二)核桃树的修剪

1. 修剪时间

(1)大树:在秋季核桃采收后至落叶前,大约在 9 月中下旬至 10 月上旬,其他时间剪可引起伤流。

(2)幼树:1 ~5 年幼树一般在春季萌芽前修剪,大约在 3 月中下旬。

2. 1 ~5 年生树的修剪特点

(1)1 ~3 年生树主要用中短截,增加枝量,扩大树冠。

(2)4 ~5 年生树,1/2 枝条用中短截,1/2 枝条用轻短截或不剪,促进花芽形成。个别枝条疏除。

3. 大旺树的修剪特点

一是疏除过密的大侧枝,使同一方位的大侧枝上下间距保持在 1 ~1.5 米。二是对一些(1/3 ~1/2)1 ~2 年生枝条进行中短截。三是对较高的树逐年落头(锯掉顶部枝干)。

4. 衰老树的修剪特点

主要是对衰老枝和下垂枝进行回缩修剪,更新复壮树势。

(三)板栗树的修剪

板栗树密植园多采用开心形树形,树苗定干后选留不同方向的 3 个主枝,每主枝留侧枝 4 ~6 个,侧枝上抽生结果枝。

1. 结果母枝的培养

板栗的结果母枝都是强壮枝(一般粗 0.8 厘米左右),细弱枝都是雄花枝(0.4 厘米左右粗)。结果母枝多在大侧枝的前端。为了使结果枝连续结果,对大侧枝上的先端枝要保留、疏除和短截相结合,如先端长出 4 个结果母枝,则保留 2 个、剪除 1 个、短截 1 个,或保留 2 个、短截 2 个。

2. 细弱枝的处理

板栗的细弱枝有两种,一是雄花枝,二是长叶的发育枝。对细弱枝 85% 要疏除,只在内膛适当保留部分细弱枝作为预备枝,在树体前端衰老后进行回缩修剪时利用。

3. 小更新修剪是指把现有结果母枝回缩到预备枝前端,从而使预备枝转强成结果母枝。4 ~15 年生的树每年要有 1/4 的枝条进行小更新修剪。

(四)柿子树的修剪

1. 幼树

1 ~5 年生树,对枝条应多短截,少疏除,培养分层树形。

2. 大结果树

大侧枝结果多年后前端多弯曲下垂,内膛隐芽萌发成新枝。

根据此期特点,为维持旺盛结果,对40%左右的营养枝要中短截,对连年结果的延长枝、下垂衰弱枝要回缩更新。

五、施肥

(一)基肥(9月落叶前后施)

1. 种类与量

基肥以圈肥、绿肥等农家肥为主,可适量加入化肥。施肥量:1~5年生树,株施农家肥10~50千克;5~20年生树,株施农家圈肥50~200千克。

2. 方法

采取条状沟施或环状沟施。在树冠投影外围处挖30~60厘米深、30~50厘米宽的施肥沟。

(二)追肥

1. 时间

4月下旬至5月下旬新梢旺长期,花芽分化期。

2. 种类

1~2年生树以氮肥为主,3年生以上树氮、磷、钾肥并重,衰老树适当多施尿素,板栗结果树可追硼肥预防空苞。

3. 施肥量

1~2年生树,株施尿素50~100克或碳铵100~200克;3年生以上树,株施尿素150~600克,磷肥250~1000克,钾肥250~750克(可用草木灰代替)。板栗每平方米树冠施硼砂15克。

4. 方法

新栽树在距树干1.2尺之外挖坑穴施;2年生以上树在树冠垂直投影外侧挖15厘米深的坑穴施。

5. 原则

少量多次，分2~3次施入总量。

六、虫害防治

（一）蛀干害虫天牛的防治

1. 预防

在4月底、5月初成虫在树干产卵前对树干和大主枝进行涂白。涂白剂配方：生石灰10份，石硫合剂1份，食盐0.5份，水25份。

2. 防治

4~8月发现活动的虫孔，可用蘸有敌敌畏的棉花塞进虫洞，或用二硫化碳薰蒸剂塞进虫孔，或用一次性注射器注入敌敌畏，并用泥土封死附近虫孔，可将天牛幼虫熏死。

（二）致使柿大量花朵和幼果脱落的柿食花象甲的防治

1. 生活习性

该虫以成虫在树下表土、杂草中、石块下越冬，4月中下旬成虫出土上树，4月下旬至5月中旬产卵，5月中下旬引起大量花和幼果脱落。

2. 防治

（1）集中落花和落果销毁。

（2）冬季深翻树盘，清除树下杂草。

（3）喷药防治：当有5%~10%的花开时即可打药。药剂及浓度：敌杀死2毫升对水15千克，灭扫利5毫升对水15千克；氧化乐果2~3盖对水15千克（小瓶盖）。

（三）致使核桃产生落果的核桃果象甲的防治

该虫以成虫在树下表土中、草根处、石块下、树杈上越冬。4月成虫上树取食嫩芽，5月中旬核桃雌花柱头弯曲、发黑时产卵。每头雌虫产卵200~250粒,每果产卵1粒,6月下旬引起大量落果。

核桃果象甲的防治方法:①捡拾落果深埋。②在核桃雌花柱头开始弯曲发黑时打第一次药,约15天后再打一次。所用药剂及浓度:40%氧化乐果2~3盖对水15千克,敌杀死2毫升对水15千克。③冬季深翻树盘。

(四)致使核桃产生落果和黑枯果的核桃举肢蛾的防治

该虫以老熟幼虫在树缝、树下表土中结茧越冬,5月上中旬成虫出现,5月下旬至6月上旬产卵。产卵早的导致落果,产卵晚的由于核桃外壳已变硬,只在青皮中蛀食,导使核桃停止发育,干枯在树枝上直到第二年。

核桃举肢蛾的防治方法:①捡拾落果深埋。②冬季深翻树盘。③结合核桃果象甲的防治,在5月下旬至6月初喷药防治。药同果象甲。

(五)蛀食板栗总苞和果实致使其失去食用价值的桃蛀螟的防治

1. 生活规律

该虫为杂食性害虫,可为害玉米、板栗等多种农作物。以老熟幼虫在玉米秆、杂草中越冬,1年3~4代。前几代为害玉米等农作物,最后一代为害板栗。大约在8月下旬至9月上旬在栗苞上产卵,幼虫孵化后蛀食果实,并将虫粪排出虫道外。

2. 防治

(1)采收后及时脱粒。(2)堆积球果时,堆半尺厚果后用50%敌敌畏1000倍液,每堆一层喷药1次,然后用塑料布捂严,可熏杀桃蛀螟。(3)成片栗园可在8月下旬至9月初打药杀灭成虫、卵和幼虫,药剂是用50%敌敌畏1000倍液喷雾。

(六)蛀食板栗果实使其失去食用价值的栗食象甲的防治

1. 生活规律

该虫2年1代,以老熟幼虫在树下栗苞落地处表土中、杂草里结茧越冬,第二年7月化蛹,8月中旬成虫出土,9月上旬产卵在总苞上,9月中下旬卵孵化出幼虫,蛀入果实,粪便不排出虫道。

2. 防治

(1)选择水泥地堆放栗球果,防止幼虫入土越冬。(2)成虫期(8月中下旬)结合桃蛀螟防治喷药杀灭成虫,药剂是50%敌敌畏1000倍液、40%氧化乐果1200倍液。

(七)银杏大蚕蛾的防治

1. 生活规律

该虫1年1代,以卵过冬,卵在5月中旬至6月下旬孵化出幼虫食害叶片。

2. 防治

(1)7月下旬至8月上旬摘除虫茧集中烧毁,9月中旬左右摘除卵片烧毁。(2)有较多虫口时,即用40%敌百虫、50%敌敌畏1000倍液喷药防治。

七、核桃嫁接技术

(一)插皮舌接法(适用于高接换头,3月中旬至4月下旬)

(1)在距地面60厘米或主枝距分杈40厘米左右处锯断砧木,削平锯口,并于嫁接前4~5天在接口下20厘米处用刀划口放水。

(2)在砧木剪、锯口的一侧,持刀削去薄薄一层老皮,露出白色或绿色,长度为3~5厘米以上,宽度稍大于接穗粗度。

(3)接穗的削面长3~5厘米,削面上部剪留2~3芽。

(4)捏开接穗削面皮部。

(5)接穗削面开始插进砧木插口。此种接法的特殊处是接穗的木质部要插在砧木的韧皮部与木质之间,而接穗的皮部包在砧木露出白色或绿色的老皮外面。

(6)接穗插入砧木插口后,接穗削面应露白 0.1 厘米。

(7)插好接穗后用塑料绳捆绑,之后用 6~8 厘米地膜覆盖锯口及砧木下切口,并从下至上缠绕削伤面。包紧穗条,芽子只包单层。然后用废报纸卷筒套在接穗外面,扎紧下口,随即套上长 25 厘米左右塑料袋。接后 25 天观察并把塑料袋打开一小口,让嫩芽长出。

(二)方块芽接法(6 月上旬至下旬)

(1)去掉砧木上长约 2.5 厘米,宽 1.5 厘米方块皮。

(2)在良种穗条上取下同样大小的方块芽子。

(3)将接芽镶在砧木上,用塑料带缠绑扎紧。

第十三节　袋料香菇栽培技术

宁强县于 2004 年开始发展袋料香菇,由开始的几十万袋发展到现在近 4000 万袋,菇农年增收 1.2 亿元,已形成了以香菇为主的特色产业。经过近几年在技术上的不断更新及种植户高产经验,总结出适合我县袋料香菇栽培的主要技术。

一、菌种的选择

一般选择 908(冬性菇)、L808(中温菇)、212 等品种。

二、配料与拌料

1. 配方

按1000袋需鲜木屑2000千克左右，麸皮250千克，石膏10~15千克，生长素10~12袋，绿霉净3~6袋。

2. 配料要求

(1)木屑、麸皮要求新鲜，无霉变、虫蛀。

(2)各种原料要称量准确。

(3)粗细适度，无粗块、针刺。

(4)拌料：先将麸皮、石膏一起拌匀，然后均匀撒入木屑，干拌3遍。再把生长素、绿霉净溶于水中，搅拌均匀后泼入干料中再湿拌3遍。

三、装袋灭菌

1. 料袋的选择

选17厘米×58厘米低压聚乙烯袋为宜，要求料袋厚薄一致，韧性好，无微孔。

2. 装袋

料配好后要尽快装袋，4小时内装完。现在一般都是用袋机装，袋要装实，湿料每袋2.9~3.25千克。料的松紧以装实为好，装好后，应及时扎袋口，折转再扎一次，以不漏气为好。装袋过程应轻拿轻放，袋下方应放软垫物防止刺破菌袋，袋口要清净，不带营养料，防止感染。

3. 灭菌

装好袋子后要及时灭菌，不能放置过久，防止料变酸。灭菌棚一般选长15米×宽4.5米×高2.5米。一次灭菌5000袋，常压灭菌要做到“攻头、保尾、控中间”，即大火攻头，点火后6~8小时要使炉温升至100℃，中间保持100℃ 30~32小时，在烧灶中间要严守岗位，注意观察水位。要及时补充预热水入锅。严防烧干锅和炉温下降造成不必要的损失，停火后，晾一天一夜，当温度降至 70 ~ 80℃时可出锅。装锅及出锅过程，应仔细检查破损料袋，发现后及时用胶布贴好。雨天出锅应采取防雨措施。

四、接种、上架、刺孔、越夏

接种以气温达 8℃以上为宜，一般在阳历 3 ~ 4 月为宜，4 月底结束。出锅后转到发菌棚 3 ~ 4 天才能接菌种，接好的菌种码成三角形（一层 3 个菌袋，码 10 层）。到端午节前后要及时上架，待菌袋全白时用刺孔机开始刺孔，一个菌袋刺孔 60 ~ 80 个，一般 1 小时可刺 200 个菌袋。刺孔时间一般选择早上和下午，中午温度高时严禁刺孔。一个菌棚放菌袋 2380 个（15 米棚），可一次性刺完。刺孔后菌袋进入越夏阶段，时间一般有 1 个多月，这期间要做好通风遮阴，要一直通风，遮阴只要搭两层遮阴网就可以不再管理。越夏期间不能翻动菌袋。

五、出菇管理技术

1. 出菇安排

春栽可收 5 ~ 6 茬，分秋菇、冬菇、春菇。春栽香菇重点是秋菇和冬菇。

2. 催蕾

经过越夏失水较多，要进行浸水和输水。催蕾应满足以下条件：

（1）温度：温度在 10 ~ 20℃，温差 8 ~ 10℃。

（2）含水量：菌袋含水量在 55% 左右，达到原袋重；催蕾后一般 2 天左右开始现蕾。

3. 催花、育花

白天控制温度在15～20℃，晚上12时以后进行上潮，加温加湿，袋温15～20℃、湿度85%～90%。2～3小时菇表由干变湿，菌膜吸水，突然揭膜育花，看到裂纹白而深时，要迅速排潮，把空气湿度迅速降至65%左右，最后保持在55%，通过排湿，把白色裂纹固定下来。

六、香菇采收与贮藏

1. 掌握成熟标准

香菇子实体形成后，必须注意掌握成熟情况，以便适时采收。如果采收太早会影响产量，收迟了又会影响品质。一般在八成熟时，即菌膜已破，菌盖尚未完全开展，尚有少许内卷，形成"铜锣边"，菌褶已全部伸长并由白色转为黄褐色或深褐色时，为香菇最适时的采获期。适时采收的香菇，色泽鲜艳，香味浓，菌盖厚，肉质柔韧，商品价值高；过期采收，菌伞充分开展，肉薄，脚长，菌褶变色，重量减轻，商品价值低。

2. 采摘技术

根据采大留小的原则采收。摘菇时左手提菌袋，右手大拇指和食指捏紧香菇菌柄的基部，先左右旋转，再轻轻向上拔起。注意不要碰伤周围小菇蕾，不让菇脚残留在菌棒上霉烂，以免影响以后的出菇。如果香菇生长较密，基部较深，可用小尖刀从菇脚基部挖起。采摘时要认真仔细，不可粗枝大叶，防止损伤菌棒表面的菌膜。

3. 采收后贮藏及加工方法

(1)鲜菇贮藏：新鲜的香菇在室温下贮藏的时间受温度和空气相对湿度的影响较大。室温在3～5℃，空气相对湿度在80%左右时，鲜菇可贮存1周。有冷库的可及时放入冷库，无冷库的应放入温度较低,通风较好的地方临时贮存。

(2)干品加工:将采摘后的鲜菇剪去菇根,平铺在铁丝框上并放入烘房内,保持30～40℃温度,间隔4～5小时,上下翻动1次。也可平铺在竹席上在太阳光下晒干,然后分级包装上市出售。

第十四节 椴木黑木耳、香菇设施化高效技术

黑木耳、香菇椴木设施栽培法,其主要工序是:建设大棚—椴木准备—人工接种—发菌管理—起架出耳菇—采收及越冬管理。

一、椴木准备

砍树一般在深秋、树木老叶枯黄脱落到第二年新叶萌发之前,这一时期砍伐最为适宜。树木砍倒后,应根据情况进行剃枝。去枝时在近树干处留下5厘米左右,可以防止杂菌进入主干。然后将树干截成100～120厘米长的椴木,在晒架过程中每隔10天翻动1次,促使椴木干燥均匀。一般干至含水量35%～40%。

二、建造设施场地

选择背风向阳,空气流通,水源方便的地方。要进行清理,挖好排水沟,进行杀虫灭菌,保持清洁。

三、接种

接种就是人工把优质菌种点植到椴木上。这是最关键的环节。

1. 接种时间

根据其菌丝生长温度为5~30℃的要求，当自然温度稳定在5℃以上就可以进行接种。一般在2~3月进行。适当偏早有下列几点好处：一是早接种早产耳，当年即有较好的收成；二是接种早气温低杂菌较少；三是有利于错开农忙季节，菌种早接种在椴木内，虽然自然温度条件不太适宜，但不至于冻死，待气温逐渐升高时，菌丝就能定植蔓延。

2. 接种方法

根据栽培种有木屑、枝条、木楔等类型，结种方法也有所区别。接种的密度应依椴木粗细、木质松紧而定，椴木粗、木质紧的密度应大一些，相反可稍小些。一般穴距7~12厘米，行距4~6厘米为宜。

接种操作应在晴天进行，但切忌阳光直射；选用菌龄适合、健壮、无污染的菌种进行接种，接种工具在使用前必须用75%的酒精或0.1%的高锰酸钾液灭菌消毒，当天接种完，切勿过夜。

3. 发菌管理

椴木接种以后，为使菌丝尽快恢复生长，并蔓延到木棒之中，应抓好上堆发菌、翻堆和散堆排场3个步骤。

(1)上堆发菌：接种之后，立即把椴木堆积起来管理，用枕木或石头把椴木垫高10~15厘米，将椴木按粗细和树种分开堆放于枕木上，椴木与椴木之间应留6~8厘米的间隙以利通气。上下层呈井字形，堆高100厘米，堆长根据椴木的多少而定。还可以加盖塑料薄膜。最适温为 22～28℃，堆内空气相对湿度控制在 80% 为宜，用塑料薄膜覆盖时，堆内温度变化幅度大，更应定时检查，加强管理。一般 1～2 周内不用喷水，以后可根据湿度变化，加强水分管理。

（2）翻堆：在上堆发菌过程中，还需要翻堆，使堆内椴木温、湿度一致。一般每周翻堆 1 次，要求把里面的椴木翻到外面，上面的翻到下面，互换位置后再盖好覆盖物。在第三次翻堆时，开始检查发菌情况。检查时可去掉皮盖，挖出菌种，看菌丝是否已在木质部定植。若木质部颜色不变，说明菌丝未定植，必须检查原因，采取相应措施。一般接种迟、气温高，约 1 个月即可发好菌，接种早、气温低，发菌时间约需 1 个半月。

（3）散堆排场：发菌生长到一定程度，并向纵横发展，在极个别的接种穴处着生有小子实体。这一阶段的管理主要是控制水分，菌丝蔓延并开始形成子实体需要较多的水分，故应根据情况加强水分管理。开始每 2～3 天喷水 1 次，以后逐渐增加喷水次数和喷水量，一般应视天气情况灵活掌握。

（4）起架管理：经检查菌丝在木棒上确属蔓延良好，而且有较多的耳菇芽生出，就需要起架管理。为了方便，往往以 30 根木棒放成一架，架与架之间要留走道便于管理。人字架的高度并不是固定的，要以场地和小区气候的干湿而定，干燥的架低些，潮湿的架高些，根据具体情况灵活掌握。

起架后的管理主要是水分，水分的要求是干湿交替，需要进行人工喷浇。子实体长大需要水分的多少，应根据天气情况，干燥时每天浇水 1～2 次即可，每次都浇透，使空气湿度保持在 90% 左右，这样温度在 15～20℃，6～7 天后子实体即可长大成熟。采收后停止浇水，干燥 3～4 天，增加木棒的透气性，同时水分减少可以提高温度，有利于菌丝生长，促进菌丝在椴木中向纵深发展,吸收更多的营养,形成更多的子实体。这样干湿交替,大约15天可采收1次。

设施黑木耳、香菇接种后,一般可持续采4~5年,当年采完之后,注意保温,防止低温损害菌丝,同时可保持一定湿度,至次年3~4月耳菇芽生出再按散堆排场起架进行管理。

四、采收

当木耳、香菇子实体长到七八成熟,香菇菌盖边缘仍向内卷成铜锣边状,菌膜刚破裂时,采摘香菇较为适宜。过迟或太早采摘,均会影响香菇的产量和质量。采摘香菇最好在晴天进行,有利于提高商品外观质量。

第十五节　中华猕猴桃栽植技术

中华猕猴桃是中国特有的藤本果种,栽培和利用至少有1200年历史,是一种闻名世界,富含维生素C等营养成分的水果和食品加工原料。

一、优选品种

宁强县猕猴桃的主栽品种以适应性、丰产性、抗逆性、市场需求较好的红心猕猴桃为主,品种可选红阳、东红、脐红、翠香、徐香,搭配翠玉、金生、天然红等新品种,通过规范建园,逐步扩大品种面积,发展观光、旅游、休闲和体验采摘的猕猴桃果园。

1. 红阳

红阳猕猴桃果实中大、整齐,一般单果重60~110克,最大果重130克;果实为短圆柱形,果皮呈绿褐色,无毛。果汁特多,酸甜适中,清香爽口;鲜食、加工俱佳,特别适合制作工艺菜肴。红阳猕猴桃总糖高达13.45%,高出世界流行品种海沃特近5个百分点,而总酸只有0.49%,可溶性固形物含量16.5%,富含钙、铁、钾等多种矿物质及17种氨基酸,每百克鲜果肉含维生素C高达135毫克,8月下旬陆续上市,采用温控法可贮至翌年2月。红阳猕猴桃果心横截面呈放射状红色条纹形似太阳,光芒四射,美艳夺目,看之饱眼福,食之饱口福,且具补血功效。

2.翠玉(鸭嘴果)

鸭嘴翠玉猕猴桃果实圆锥形,果突起,果皮绿褐色,果面光滑无毛,平均单果重85~95克,最大单果重129~242克。果肉绿色或翠绿色,肉质致密、细嫩、多汁,风味浓甜,可溶性固形物含量17.3%~19.5%。每百克鲜果肉含维生素C 143毫克,总酸度1.4%,总糖16%~22%,成熟期9月中旬,3年生株产量均达20千克,最高株产49千克,盛产期亩产可达2500~4000千克。综合性状优于对照品种丰悦、早鲜、魁密、泌香、秦美、金魁、海沃德等。翠玉耐贮性极强,常温(25℃左右)下可贮藏30天以上,好果达89%,立冬前后采收可贮至翌年2~4月。还有一个更突出的优点就是,果实无须完全软熟便可食用。

3.东红

果实长圆柱形,平均单果重70~75克,果顶圆平,果面褐绿色,光滑无毛,整齐美观,果皮厚,果点稀少。果肉金黄色,果心四周红色鲜艳,色带略比红阳窄。肉质细嫩,汁中等多,风味浓甜,香气浓郁,可溶性固形物含量15%~21%,总糖10%~14%,有机酸1%~1.5%,每百克鲜果肉含维生素C 100~153毫克。果实含钙量较高,有利于贮藏,这是该品种耐贮性优于红阳的原因之一。果实采后30~40天才开始软熟,果实微软就可以食用,食用期长,均在15天以上。

4. 脐红

果实近圆柱形,果个大,大小整齐一致,果顶萼凹处有明显脐状凸起,果皮军绿色,软熟后果肉为黄色或黄绿色,果心周围呈鲜艳放射状红色,质细多汁,香甜爽口。在汉中果实成熟期为9月下旬。该品种在中华系中相对较抗病,具有适应性广、长势旺、结果早、易丰产、品质好等特点。一般亩产1000~2000千克。

二、规范建园

根据我县主要地理地貌,园址应选择在背风向阳,水资源充足,灌溉方便,排水良好,土层深厚,pH值在6~7.5之间,富含腐殖质的区域。

1. 栽植密度

猕猴桃栽植应根据品种采用不同的株行距,红心、天然红和金生株行距3米×2米,每亩地栽植110株;翠玉株行距4米×3米,每亩地栽植55株。栽植的行向尽量采用南北行,以充分利用太阳光能。区域比较平坦可采用开沟栽植,栽植沟填埋秸秆。我县梯地、坡地较多,可采用挖坑栽植,坑直径50厘米、深50厘米,填埋秸秆和有机肥。猕猴桃雌雄异株,种植时应搭配栽植雄株。雌雄比例一般为8:1。

2. 架形

(1)"1"字形架

具有投资少、简便、易操作的特点。

顺树行每隔6米栽一立柱,立柱地面高1.8米,地下埋入0.7米,顺行固定5条8号镀锌铁丝,中心一条架设在立柱顶端。植株上架后两个主蔓分别沿中心镀锌铁丝伸向两边,结果母枝从主蔓发出后分别伸向两侧,下垂到行间。

(2)平棚架

架构牢固、抗风能力强,受光面均匀,光照充分,果个大小一致,产量高、品质好。

所用立柱的规格和栽植距离等同"1"字形架,用方钢条或钢绞线等将全园的立柱横拉在一起,三角铁上每隔 50～60 厘米顺行架设 1 条 8 号镀锌铁丝。植株上架后两个主蔓分别沿中心镀锌铁丝伸向两边,结果母枝从主蔓发出后分别伸向两侧。

3. 树形

培养单主干、双主蔓、结果母枝羽状分布的标准树形。

三、人工授粉

猕猴桃为雌雄异株果树,且开花期较短,如授粉不充分或授粉不及时,直接影响猕猴桃的品质和产量,降低商品性。因此猕猴桃的授粉工作极为重要,充分授粉是猕猴桃提质增效的关键技术之一。

猕猴桃授粉分为昆虫授粉和人工授粉,目前生产上以人工授粉为主,昆虫授粉为辅。猕猴桃蜜腺不发达,蜜蜂授粉效果差于人工授粉。

1. 昆虫授粉

可供猕猴桃授粉用的昆虫很多,但以蜜蜂为主。也可以人工释放壁蜂、熊蜂等授粉昆虫。用蜜蜂授粉时需要的蜂量较大,以 5～10 亩地放一箱蜜蜂为宜,每箱中有不少于 1.5 万～2 万头活力旺盛的蜜蜂。在大约有 10% 的雌花开放时将蜂箱移入园内,放置在园中向阳的地方,每 2 天给每箱蜜蜂喂 1 升 50% 的糖水 1 次,以增强蜜蜂的活力。

2. 人工授粉

猕猴桃雌花开放后 5 天之内均可以授粉受精，一般以花开放后 1 ~ 2 天授粉效果最好，第 4 天授粉坐果率降低，果实内的种子数逐渐下降，果个变小。

(1)对花授粉：采集当天早晨刚开放的雄花，花瓣向上放在盘子上，用雄花的雄蕊轻轻在雌花柱头上涂抹。每朵雄花可授 7 ~ 8 朵雌花。

(2)采集花粉授粉：

花粉采集、提取及贮藏：每天早晨 8 时以前及时将即将开放或半开放的雄花采集回，将采下的雄花花药用牙刷、剪刀、镊子等取下。将花药平摊于纸上，放置在温度 25 ~ 28℃条件下 20 ~ 24 小时使花药开裂散出花粉；或将花药放在恒温箱中，待花粉散出；或在花药上盖一层报纸后放在阳光下脱粉。阴雨天可将花药摊放在桌面，1 米上方悬挂 60 ~ 100 瓦电灯泡照射。散出的花粉用细罗筛出，装入干净的玻璃瓶内(不能用金属器皿存放花粉)，在 5℃家用冰箱中可贮藏 10 天以上，常温下可贮藏 1 ~ 2 天，在 -20℃的密封容器中可贮藏 1 ~ 2 年。

如果果园花粉量不足，或阴雨天花粉难以收集时，一般选用正规厂家生产的高品质商品花粉。每亩盛果期果园使用 10 克纯花粉。

授粉方法：

毛笔或排笔点授：用毛笔或排笔蘸花粉在雌花柱头上涂抹授粉。

简易授粉器授粉：将花粉用滑石粉或石松子稀释 5 ~ 10 倍，装入细长的塑料小瓶中，加盖橡胶瓶盖，在瓶盖上插一细竹棍，用手压迫瓶身产生气流将花粉吹向每一个柱头。

喷粉器授粉：将花粉用滑石粉或石松子稀释 50 倍(重量)，

使用市面上出售的电动授粉器向正在开放的花喷授。为提高花粉萌发率,可在滑石粉或石松子中加入0.1%硼砂。

四、果园生草

果园生草技术是国外果园普遍采用的一项生产技术,我国目前正处于推广阶段。果园生草在增加果园有机质,减少灌溉次数,改良土壤结构,减轻病虫为害,改善果园生态环境等方面显示效果明显,是猕猴桃提质增效关键技术之一。

1.人工生草的种类

果园人工生草,可以是单一的草种类,也可以是两种或多种草混种。猕猴桃果园人工生草可选择豆科的白三叶草与毛苕子、油菜等。目前城固县猕猴桃果园生草以种植毛苕子为主。

2.猕猴桃果园生草种植方法

土地平坦、土壤墒情好的果园,适宜用直播法,即在果园行间直播草种子。播种分为秋播和春播,春播在3月下旬至5月上旬播种,秋播在9月播种。果园生草通常采用行间生草,果树行间的生草带的宽度应以果树株行距和树龄而定,幼龄果园、行距大的果园生草带可宽些,成龄果园、行距小的果园生草带可窄些。

五、配方施肥

配方施肥的总体原则是:以农家肥为主,配合生物菌肥,中微量元素合理搭配,推行水肥一体化施肥技术。减少化肥特别是氮肥的使用量。

基肥:10月中下旬至11月上旬施入,亩施腐熟有机肥(猪粪、牛粪、鸡粪等)3000~5000千克。

萌芽肥:亩施尿素15千克+过磷酸钙50千克或磷酸二铵20千克。

花后肥:猕猴桃落花后,根据土壤墒情,结合果园灌水,盛果期每亩果园撒施尿素5~10千克。

膨大肥:以氮、磷、钾配合施用,盛果期果树每亩追施75千克(氮磷钾各18%)复合肥。

优果肥:8月底至9月初追施。盛果期果树每亩追施30千克复合肥。

六、科学修剪

科学修剪就是通过抹芽、疏枝、摘心、剪枝等合理的操作,使猕猴桃果树形成良好的骨架,枝条合理分布,充分利用空间和光能,便于田间作业,降低生产成本;调整地下部与地上部平衡生长与结果的关系,调节营养生产、分配,尽可能地发挥猕猴桃的生产能力,实现优质、丰产、稳产,延长结果年限。

1. 夏剪

(1)抹芽:抹芽一般要从萌芽期开始进行,抹去主干上萌发的潜伏芽,保留着生在主蔓上的萌芽,可培养为下年更新枝。抹芽要反复进行多次,在生长前期每周进行1次。抹芽一定要到位。

(2)疏枝:当新梢长至20厘米以上,花序开始出现后,及时疏除细弱枝、过密枝、病虫枝、双芽枝及徒长枝等,结果母枝上每隔15~20厘米保留一个结果枝,每平方米架面保留正常结果枝10~12个。

(3)绑蔓:绑蔓是在新梢长到30~40厘米时开始进行,每隔2~3周应进行1次,使新梢在架面上分布均匀。绑蔓时要注意防止拉劈。

(4)摘心:旺盛生长的枝条到后期会出现枝变细、节变长、叶变小等现象,枝条的先端会弯曲并缠绕在其他物体上,在这些枝条开始出现弯曲缠绕时进行摘心。开花前1周开始对强旺的结果枝、发育枝轻摘心，摘心后如发出二次枝，在顶端只保留1个，多余的抹除。

2. 冬剪

从12月中旬叶子落完时开始，至第二年元月底结束，主要任务是配备适宜的结果母枝，同时对衰弱的结果母枝进行更新，使结果部位能够始终保持在距离主蔓较近的区域，保证树体健旺，持续丰产、稳产。

(1)结果母枝选留：强壮理想的结果母枝应是长度1米以上、基部直径1厘米以上的强旺发育枝；长度在30～100厘米生长中庸的发育枝和结果枝，也是较好的结果母枝选留对象。一般留作结果母枝的枝条均应剪到饱满芽处。

(2)结果母枝更新：结果后的母枝生长势明显下降，修剪时要选留原结果母枝基部发出或直接着生在主蔓上的枝条作结果母枝，将原来的结果母枝回缩或疏除掉。

(3)培养预备枝：未留作结果母枝的枝条，如果着生的位置接近主蔓，可剪留2个芽，发出的新梢可留作下年的更新枝。其余的枝条及各个部位的细弱枝、枯死枝、病虫枝、过密枝、交叉枝、重叠枝及根际萌蘖枝应全部疏除，以免影响树冠内的通风透光。

七、合理负载

合理负载就是根据果园品种、树龄大小、树势强弱等实际情况，实现猕猴桃连年优质丰产的一项关键技术措施。

由于猕猴桃花量大，坐果率高，在授粉受精良好的情况下几乎没有生理落果现象。如果结果过多，则养分消耗增加，单果重量、果实品质下降，商品率降低，同时也会出现大小年结果现象。

所以,必须进行人工疏花疏果,根据品种、树势、树龄确定合理的负载量。

1. 留枝留芽量

一般每平方米选留 1~2 个结果母枝,每枝留芽量 15~20 个;亩留枝量控制在 1100 个左右,留芽量 2 万个左右。

2. 抹芽、疏蕾、疏果

萌芽后及时抹除背下芽,生长不良的芽子,每隔 15~20 厘米留一结果枝;猕猴桃花蕾分离后及时疏除侧蕾,保留主蕾,强壮枝留 5~6 个花蕾,中庸枝留 3~4 个花蕾;花后 7~10 天开始疏果,疏除小果、畸形果、病虫果,隔半个月后再检查定果 1 次。

3. 定果

盛果期园每平方米定果 40~50 个,单果重控制在 90~140 克。徐香、海沃德、红阳、秦美盛果期优质果亩产量分别稳定在 2250 千克、2000 千克、1000 千克、2500 千克左右。

八、适时采收

适期采收是保证猕猴桃优良品质的前提之一。猕猴桃品种不同其成熟期不一,即使是同一品种,也会因地区、气候、土壤、年份的不同而成熟期有所差异。适期采收就是根据不同品种的生长发育周期、各种生理指标来确定果实的采收时间。

猕猴桃采收过早直接影响产量、质量和贮藏性。早采猕猴桃果肉成分以淀粉、柠檬酸为主,风味淡、口感差,营养价值低,贮藏期、货架期缩短,甚至贮藏烂库,造成巨额亏损,严重影响消费者对猕猴桃的认识,不利于猕猴桃产业的持续健康发展。因此,适时采收、确保果品质量,对提升猕猴桃形象,促进猕猴桃产业持续健康发展具有十分重要的意义。

不同品种采收标准:

红阳:盛花期后146～170天,9月上旬采收;可溶性固形物:6.5%～7.5%;干物质含量:15%。

翠香:盛花期后147～159天,10月上旬左右采收;可溶性固形物:6.5%～7.0%;干物质含量:15%。

徐香:盛花期后150～160天,10月上中旬左右采收;可溶性固形物:6.5%～7.0%;干物质含量:16%。

九、病虫综合防治

猕猴桃病虫防治要采取优选抗性品种、严格消毒、规范建园、科学修剪、平衡施肥、合理灌溉、增强树势、提高树体抗性等综合防治措施。

1.选用优良抗病品种

采用优良抗病品种防治溃疡病是最经济有效的方法。要选用适宜当地生产的优良抗病品种,发病重灾区要慎重发展易感病的中华猕猴桃品种,避免中华、美味混栽。

2.栽植无病苗木建园,防止嫁接传染

选用健壮无病苗木建园,嫁接前建议对采集的接穗用臭氧进行表面消毒(将接穗装入密闭的塑料袋内,通入臭氧气体30～60分钟);嫁接使用的刀剪用具每使用一次需用75%酒精或过氧乙酸消毒处理1次,严防工具传染;在嫁接口、剪口、伤口涂药保护树体(20%噻霉酮20倍液或氟兰克10倍液或20%乙酸铜20倍液或氢氧化铜20倍液涂抹)。

3.清洁果园卫生

果园内开始出现零星病株时,应立即彻底销毁病株,杜绝蔓延。将修剪的病枝、刮除树干粗老翘皮、病叶或病果清除出果园,集中烧毁或深埋,减少初侵染源,以免病害在果园扩展蔓延。及时清除溃疡病的野生寄主、转主寄主大豆、蚕豆、番茄、魔芋、

马铃薯和洋葱等。

4. 合理修剪防伤流

猕猴桃伤流是指来年春季从冬剪未愈合的剪口、锯口部位向外溢水的常见生理现象。减轻伤流的技术措施主要有:①适时冬剪,猕猴桃从落叶后10天开始到来年立春前15天都是冬剪期,越早越好,利于伤口愈合。立春后要停止剪枝。②若冬季修剪的是大枝,必须在修剪伤口晾干后,涂抹封口胶或封口蜡,杜绝伤流的发生。③对春季出现伤流的剪口要及时杀菌,涂抹愈合剂。

5. 预防低温冻害

宁强海拔1000米以上的山区果园,冬季温度低,果树容易受冻害,特别是栽植红阳等易受冻品种,因此秋末冬初应采取防冻措施,如树干缠草(报纸)、基部培土、树盘灌水,预防树体受冻,减少冻伤口。冬末春初,用石硫合剂进行树干涂白。

6. 抓好溃疡病药剂防治

溃疡病药剂防治实行全程覆盖。

8月下旬至果实采收后(10月):可选喷农用链霉素或0.15%梧宁霉素800倍液或1.5%噻霉酮或中生菌素或5%菌毒清水剂或30%壬菌铜水乳剂等,每隔10~15天喷1次,连喷3~4次,交替使用药物。其中9月,对易感病品种于嫁接口上下、枝蔓分叉处纵划,并涂抹噻霉酮膏剂或防腐油或5%菌毒清水剂30~50倍液,或用0.15%梧宁霉素水剂5~10倍液或5%腐烂净1~2次,每次间隔7~10天。

果树落叶后(11月):对树干枝蔓均匀喷布4~5波美度石硫合剂1次(第一次清园),喷药做到全面周到,树、干树枝、支架\地面等全喷,防止溃疡病菌从果柄、叶柄痕向枝蔓内侵入。

果树冬剪后(12~1月):涂树干,用氨基酸作母液,加入防冻剂(海藻糖)和少许盐和油脂,制成稀糊状液体,用小排笔均匀涂抹在树干、主枝与剪锯口上,或用等离子油粉(臭氧粉)制成液体刷树干。或喷施噻霉酮(菌立灭)500~600倍液或施纳宁600~800倍液,或每亩用50%氯溴异氰尿酸可溶粉剂40~60克或50%代森铵1000倍液1~2次,预防保护,以免受溃疡病菌侵染。易发生冻伤害时,用碧护15000倍液中加入1.5%噻霉酮400倍液或4%春雷霉素500倍液或5%菌毒清400倍液喷药防治,或用刷子将0.5~1波美度石硫合剂或晶体石硫合剂100~150倍液均匀涂刷在果树枝干上,能有效防治病虫为害。

早春发病期(2~3月):每4~6天全园检查病斑1次,采用刮除病斑涂药法,治早治小。对染病的主干、主蔓尚未造成皮层环剥的,应彻底刮除病斑,涂药范围应大于病斑范围2~3倍。药剂有噻霉酮膏剂、梧宁霉素、代森铵、氯溴异氰尿酸、防腐油、腐烂净及氟兰克,或叶枯唑150倍液+溃腐灵30倍液。刮治应在阴天或下午进行。

萌芽后至花前:可选喷1.5%噻霉酮600~800倍液或可杀得(氢氧化铜)600~800倍液,或0.15%梧宁霉素800倍液或菌毒清500倍液等杀菌剂,连喷2~3次。

果实膨大期(5~7月):对已控制的病斑去除病部翘皮,对全部病斑(包括露出的木质部)涂抹氟兰克或防腐油,促进病斑愈合。若发病严重,须将枝干从好皮以下处剪锯除并烧毁。

十、生态示范

生态示范农业模式是一种在农业生产实践中形成的兼顾经济效益、社会效益和生态效益,以农户土地资源为基础,以果、畜、沼、草相结合的生产模式,配套发展的良性循环生态果园系统。

生态示范为一项综合措施，首先就是果畜结合，即果园种草，以草养畜，畜粪进沼，以沼养果的生产模式。其次施肥应做到增施农家肥、沼肥等有机肥，提高果园有机质含量，改善土壤环境条件。采用多种方法扩大有机肥肥源（如果园种草，枝蔓堆沤还田等）。果园病虫害防治应以生物防治、物理防治、农业防治为主要防治措施，减少化学农药的使用量。综合利用果园生草、畜粪、沼渣、沼液、枝蔓粉碎堆沤还田等技术，建成循环农业，生产有机果品，提高猕猴桃质量品质，保证生产安全。

第十六节　花椒栽培管理技术

花椒是分布很广的一个经济价值较高的灌木，是木本香料和油料树种，不仅经济价值高，而且枝繁叶茂，形态优美。金秋成熟，果红如火，不仅色彩美，而且芳香宜人，具有较好的观赏价值。花椒根系发达，耐干旱，也是营造阳坡经济林的好树种。

一、品种介绍

花椒品种有小红椒（也叫黄金椒、小椒或小红袍）、大红袍（也称狮子头、大红椒）、白沙椒（也称白里椒）、构椒（也称臭椒）等，但优选大红袍。该品种是分布广泛的栽培品种，其丰产性强，高产、稳产，喜肥水，抗旱性、抗寒性较差，适于较温暖的气候和肥沃土壤栽培。栽培后 4 年结果，8 ~ 10 年进入盛果期，有时出现大小年现象。

二、育苗技术

(一)圃地选择

选背风向阳、土层深厚肥沃、排水良好的沙壤土或壤土作为育苗地。涝洼碱地、黏土、纯沙地不宜选用。对圃地要细致深翻,耙耱、整平,施足底肥。

(二)播种时间

春秋两季都可播种,以秋季土壤封冻前播种为好,春播时间一般在春分前后。

(三)种子处理

花椒种子的种壳坚硬,含油脂,不易吸水,发芽比较困难,春季播种必须经过适当的处理才能正常发芽。播种用的种子必须是新鲜种子,陈种子出苗很低。处理方法可采用以下 3 种:

1. 牛粪拌种

种子采收后地冻前,用鲜牛粪 6 ~ 10 份,种子 1 份混拌均匀。在向阳处挖深 30 厘米左右的坑,大小可按种子的多少而定,将拌好的粪种填入坑内,距地面 15 厘米左右,上盖一层草和 10 厘米厚的土,踏实再覆盖一层草秸。第二年春播前取出,即可播种。

2. 湿沙层积

种子采收后地冻前,选择土壤湿润、排水良好的地方,挖深 60 厘米,宽 1 米的坑,长度按种子的多少而定。坑底铺湿沙 5 ~ 10 厘米,然后将 2 份湿沙与 1 份种子混拌均匀填入坑中,填到距地面 10 厘米时,用湿沙封顶,上用土堆成屋脊状。沙藏过程中需定期检查,发现问题要采取相应措施。春播时取出即可播种。

3. 春季催芽

未经处理越冬干藏的种子,春播前可将种子混沙土、草木灰干搓;也可放入温水、碱水、洗衣粉水中搓洗,直至油脂去净,种壳搓洗至灰褐色现出麻点为止。用温水浸泡,待有少数种皮开裂,即可捞出置温暖处,盖湿布,经常淋水,见有少数种子露白时,即可播种。

(四)播种方法

开沟条播,每亩播种量一般4~6千克。行距20厘米,覆土1厘米,覆草或地膜保持苗床湿润。出苗后揭去覆草。冬播时,每隔25厘米左右开深1厘米、宽9厘米的沟,沟底整平,种子均匀撒入沟内,播后将两边的土培入沟内。

(五)苗期管理

当苗高4~5厘米时间苗,苗距10~15厘米。注意6~7月施人粪尿或化肥,并灌水。花椒最怕涝,雨季到来时,做好防涝工作。

(六)主要虫害防治

苗期有蚜虫、地老虎为害。治蚜虫,可用40%乐果乳剂1500倍液喷杀;治地老虎,可用75%辛硫磷800~1000倍液浇灌根颈部;其他虫害可用敌百虫500~600倍液喷杀成虫。

三、建园技术

(一)园地选择

花椒适应性较强,一般无须占用较好的耕地。应选择土层深厚、肥沃、排水良好的沙壤土,海拔以1000米以下为宜;高于1000米的地段,选择背风向阳的区域。山区以5°~20°的缓坡和斜坡为宜,运输、灌溉等条件要方便。

(二)整地

于定植前半年或一年整地。坚持雨季前整好地。全园深翻30~50厘米。挖成60厘米或80厘米见方大坑,生土与熟土进行分开,混合均匀,填入沟内,回填时生下熟上,应混入25~30千克有机肥。

(三)造林

花椒栽植多采用1~2年生苗,苗高80厘米以上,根部粗0.5厘米以上,芽饱满,主侧根完整,须根较多。定植前对根系进行修剪,适当截干。花椒栽植宜稀不宜密,定植密度为111株/亩,一般呈三角形配置,定植时间一般在花椒休眠期进行,土地封冻后不宜栽植。栽后要加强补水、埋土防寒、防治病虫等工作。

四、土、肥、水管理

(一)土壤管理

深翻改土是花椒土壤管理的重要措施之一,以带状深翻为主,深度50~60厘米,深翻时间与土壤施肥相结合,深翻时表土与心土分别放置,回填时,表下心上,深翻时少伤粗1厘米以上根系。同时要注意护埂培土、树底壅土、中耕除草等工作,保护好树盘和裸露的根系,保墒抗旱,以吸收更多的养分。

(二)合理施肥

花椒施肥分基肥、追肥、种肥3种。基肥以有机肥为主,可混合施入磷肥。基肥在果实采收后进行,一般6~7年生树每株施圈肥5~10千克,且混合施入0.25千克过磷酸钙。追肥不得少于2次,以农家肥为主,并配施氮钾肥。第一次于4月底至5月初施人畜粪,第二次于6月底至7月初追施氮肥,同时辅以叶面喷肥。一般叶面肥用0.3%~0.5%尿素与0.3%磷酸二氢钾的混合溶液,4月中旬开始间隔7~10天连续喷2~3次,盛花期、花椒挂果期再各喷1次。山地间作套种以豆科作物为最好。花椒的浇水一年中要注意在萌芽前、坐果后、落叶后各浇1

次水。

六、整形修剪

(一)整形

苗木定干高度在40～60厘米,定干时剪口下10～15厘米范围内有6个以上的饱满芽。定干后,新梢长到30～40厘米时,选定3个主枝,其余新梢全部摘心,3个主枝间隔15厘米左右,均匀分布,相互水平夹角和约呈120°,主枝开张角度宜在40°左右,主枝一般剪留长度为35～45厘米,第2年对延长枝进行短截,剪留长度为45～50厘米,选留各主枝上的第一侧枝,第一侧枝距主干30～40厘米,侧枝宜选在斜平侧或斜上侧,侧枝与主枝的水平夹角以50°为宜。第三年对各主枝的第二层侧枝剪留长度50～60厘米,第二侧枝必须在第一侧枝的对面,相距25～30厘米的枝条,最好斜上侧或斜平侧,第二侧枝夹角以45°～50°为宜。

(二)修剪

花椒树的修剪方法常用短截、疏枝、回缩等,修剪时一定要根据不同的生长阶段采取相应的修剪方法。幼龄树掌握整形与结果并重的原则;结果树应逐步疏除多余大枝,对冠内枝条的修剪以疏为主,疏密弱留强壮,使冠内枝组健壮、均衡,通风透光;老龄树以疏剪为主,抽大枝,去弱枝,留大芽,及时更新复壮结果枝组。幼树和盛果树宜在秋季修剪,弱树和老树宜在春季。修剪时,注意把干枯枝、过密枝、病虫枝首先剪掉,对病虫枝进行集中烧毁。

七、采收

采收时间:主要掌握适时采收,尤其是成熟时易崩裂脱落的品种,一定抓紧时机及时采收,以免造成损失。

采收方法:最好用手采摘,避免传统的用剪刀连同果枝一并剪采的方法,使大量果枝受到破坏,影响树势和来年的产量。

采摘要选择晴朗天气,随采随晾晒制干,保证花椒的色泽鲜艳、气味芳香,品质俱佳。

八、病虫害防治

常见的病害有花椒流胶病、根腐病、锈病、落叶病。

(一)流胶病

花椒流胶病是一种严重的枝干病害,在发病初期,用快刀将溃疡性病斑彻底刮除,用多菌灵+敌敌畏涂抹,然后敷一层稀泥。并及时做好天牛、吉丁虫等虫害的防治工作。

(二)根腐病

花椒感染根腐病时,要对大树的病根及时剪除,在剪口上涂多菌灵原液消毒,盖上新土即可,并注意排水。

(三)锈病

锈病发病初期(8 月中下旬),用 1:1:100 波尔多液预防,发病期间用 25% 粉锈宁 600 倍液防治。发病盛期每隔 10 天喷 1 次杀虫剂农药,喷药时注意将叶背、叶面及树干上都喷上农药。

(四)落叶病

用 50% 的甲基托布津 800 ~ 1000 倍液防治落叶病,再加敌杀死 2000 倍液进行预防。虫害有蜡虫和凤蝶等,用 40% 氧化乐果 800 ~ 1000 倍液喷施。成株发生的虫害有跳甲虫,为害花椒叶,发生时用溴氰菊酯 3000 倍液或杀螟松喷施。天牛蛀食枝干,发生时用注射器向蛀孔注入 800 倍甲胺磷。木蠹蛾为害树干及根茎,发生时用 40% 氧化乐果、柴油(1:9)涂虫孔进行毒杀,在成虫产卵期和幼虫孵化期用 50% 杀螟松 500 倍液毒杀,在休眠期落叶修剪时刮去树干及大枝上的老翘皮,然后向树体喷50~80倍液的多菌灵。另外,在冬季注意树干涂白,按生石灰10千克、硫黄1千克、食盐0.2千克、动(植)物油0.2千克、热水40千克混匀后涂抹树干。

同时,给花椒树普遍喷洒1次0.3~0.5波美度的石硫合剂或65%的代森锰锌500倍液,刮除黑胫病溃汤性病斑后用硫酸铜、石灰、水三者按1:3:15的比例配制成波尔多液涂抹。

第十七节　中华蜜蜂饲养技术

一、中蜂活框饲养所需蜂具设备

活框饲养蜂具设备:蜂箱、箱内附件、摇蜜机、蜂刷、割蜜刀、起刮刀、蜂冒、洗刷盆、毛巾、巢础、巢础埋线器、蜂王防逃器、囚王笼、储蜜容器等。

蜂箱:由箱体、箱盖两部分构成。

箱内附件:包含副盖、巢框、隔板、附布、隔王板等。

二、中蜂过箱

1.过箱工具准备

首先准备好活框饲养标准蜂箱,固定好不锈钢丝的巢框。其次准备好驱蜂喷烟器、蜂刷、割蜜刀、洗刷盆、巢脾抬板等。

2.过箱时间选择

过箱应选择春夏蜜源丰盛时期进行,我县境内最适宜时间为5月上旬至6月中旬。过箱的当天,天气应晴朗无风,最好在下午3时以后进行。

3. 过箱操作

过箱时以2人配合为佳。揭开圆桶蜂箱,一人拿驱蜂喷烟器,向蜂群喷烟,将蜜蜂驱赶到圆桶蜂箱一侧;一人一只手拿巢脾抬板,平行靠近巢脾,另一只手拿割蜜刀割下巢脾,双手抬巢脾抬板到小方桌上,用蜂刷扫去巢脾上附着的蜜蜂,拿固定好不锈钢丝的巢框比着巢脾,以保留巢脾仔脾和最大面积为原则进行裁割,裁取留用的巢脾顺巢框不锈钢丝用割蜜刀,划巢脾厚度一半的埋线沟,将不锈钢丝压入埋线沟。在镶入巢脾的巢框两头,距两侧框梁10厘米左右各用一双竹筷将巢脾和巢框夹住,再用皮筋将竹筷两头拴牢,然后放入活框饲养蜂箱内。待圆桶蜂箱的巢脾割取、裁割、固定完,再将圆桶蜂箱的蜜蜂倒入活框饲养蜂箱或用收蜂笼转入活框饲养蜂箱,蜜蜂转入新蜂箱即宣告过箱结束。

4. 过箱操作中注意事项

裁后不用的巢脾,应立即放入收集容器,防止撒落地上。因利用不上的巢脾中可能贮藏有蜂蜜,其他蜂群的采集蜂发现后,就会招引本群采集蜂前来采集,很容易引起盗蜂。

三、过箱后的蜂群管理

1. 补饲

过箱的当天下午天黑前,用补饲器盛装熬好的糖水放入巢箱内进行补饲。

2. 检查蜂群对新环境接受适应情况

3天后揭箱检查,蜜蜂用蜂蜡、蜂胶将巢脾牢固固定在巢框上的,证明过箱成功。

3. 蜂群对新巢不接受的原因

若3天后揭箱检查,蜂群对过箱固定的巢脾与巢框没有加固,可能存在以下原因:①过箱后天气突变。②周围蜜源不泌蜜。③蜂箱有异味。④群内可能无蜂王。⑤蜂箱放的地点可能不是原蜂桶位置。

四、蜜蜂的饲养管理技术

(一)蜂场的建设

1. 养殖场地选择

一个理想的养蜂场地,不但要有丰富的蜜源,还应具备适宜的气候、良好的水源、方便的交通、干燥的地势,避开人畜骚扰或震动干扰,保持相对安静、安全等条件。

2. 蜂箱的排列

(1)在排列蜂箱时,应根据环境和场地的大小,采用单箱或双箱分组放置的方法排列。距离要宽,最好有自然物或不同地形相隔离。但一定要将每箱巢门方向互错,这样蜜蜂交错飞行就不会迷巢起盗。

(2)交尾群,要采取单箱分散,巢门错开或前后开门的方法进行排列,以免处女王婚飞时迷巢错投。

(3)蜂箱应保持前底后高,巢门前宽敞;应清除巢门前的杂草、杂物,使蜜蜂出入无阻。

(4)巢门的方向最好向南。这样在流蜜期,可使蜜蜂早出勤;在冬季,可防止冷风吹入箱内而使巢内温度降低。

(5)在没有蜜源的时候,中蜂容易受西方蜜蜂的盗劫,不要把中蜂和西方蜜蜂同场饲养,蜂场和蜂场之间也不要靠得太近。

(二)蜂群的检查

对蜂群的检查要有目的、有针对性地进行,最好多做箱外观察,尽量减少打开蜂箱的次数。

1. 检查蜂群应注意的事项

(1)检查蜂群一般要选择天气晴朗、无风,外界气温在20℃左右时进行。如进行开箱检查,动作要轻快,要尽量缩短开箱的时间。

(2)检查蜂群时,检查者的身上、手上应避免带有汗臭味和其他刺激性的气味。应从蜂箱的一侧着手检查,以免阻挡蜜蜂出入。要沉着安静,不可震动或碰撞。如被蜂蜇,必须要冷静,避开处理,不能拍打乱跑,否则受蜇更为严重。

(3)提脾时,应用拇指、食指和中指扣紧巢框耳,稳重地提离巢箱,使巢脾对准巢箱上方并与地面保持垂直,以免花粉、蜜汁、蜂王掉落。观看幼虫时,应背朝阳光,顺着光线仔细查看巢房内部的情况。

2. 检查蜂群的方法

(1)箱外观察:一是观察蜜蜂的飞行情况。当外界蜜粉源植物开花时,如蜜蜂出入频繁,说明该群蜂群势较强;如果蜜蜂大量采回花粉,说明蜂箱内卵虫必多,蜂王产卵旺盛,繁殖较好,蜂群有良好的发展趋势;如蜜蜂带回花粉稀少,说明箱内卵虫必少,蜂王产卵衰减;如归巢蜜蜂腹部饱胀,甚至超负荷跌跌撞撞飞临蜂箱,说明外界蜜源泌蜜较好。

二是观察巢门口蜜蜂的活动情况。当外界蜜源条件较好,蜂场中大部分蜂群的蜜蜂出勤积极,但有个别蜂群的蜜蜂却很少外出采集,归巢蜜蜂腹部大小一般,带回的花粉团小,没有因重载或超负荷而显得笨重吃力,在巢门口有很多蜜蜂悬挂形成"蜂胡子",可以断定为蜜蜂准备分蜂的预兆;如巢门口有部分老蜜蜂转来转去,慌慌张张,守卫蜜蜂处于高度紧张状态,有蜜蜂抱团厮杀,快速出巢且腹部膨大,表明蜂群有盗蜂迹象;如巢门口拥有很多蜜蜂并有许多蜜蜂头朝外,尾朝巢门,有秩序地振翅扇风，说明蜂群内过热；如进出蜂巢的蜜蜂身上绒毛密布，说明蜂群中青壮年蜜蜂多；如进出蜂巢的蜜蜂身上油光发亮，说明蜂群中老年蜜蜂多；如蜜蜂从蜂箱内拖出死幼虫，说明蜂群有病害发生。

三是观察巢门口地面及蜂箱周围情况。如有大多数蜜蜂从巢门口、箱缝等一切可以外出的通道涌出，在蜂场附近空中绕飞，表明分蜂已经发生；如果蜜蜂追蜇人畜，并在巢门或地上打滚翻飞、乱爬、身体发抖，死蜂勾腹卷曲、口缘外伸、翅膀张开，有些死蜂还带有花粉团，说明蜜蜂采集了喷过农药的蜜源植物，引起了中毒死亡；如果巢门口蜜蜂混乱，守卫蜂增多，地面可看到咬死、伤残、残缺死蜂，说明有敌害入侵；在阴冷天或不利于蜜蜂外出的时间，如有个别蜂群的蜜蜂频繁进出蜂巢，或在箱外无力地爬行，并可见被拖出的幼虫，表明巢内缺饲料；如果有许多蜜蜂在蜂箱巢门前约 1 米高处有规律地飞翔，声音交响，有的蜜蜂落于巢门踏板上，头朝巢门，上翘腹部振翅，表明是新蜂试飞的现象。

(2)开箱检查：一是全面检查。就是将蜂箱内的巢脾全部逐一提出检查的操作，能全面了解蜂群内部的情况，可以对每张巢脾进行相应的调整或处理。但这种检查对蜂群的干扰很大，不宜过多，以免扰乱蜂群内部的正常生活或引起盗蜂。所以必须是全面了解蜂群情况时才采用这种检查，除分蜂期外，无特殊情况一般每半个月或 1 个月进行 1 次全面检查。在断蜜、越冬期，早春和晚秋不宜做全面检查。

二是局部检查。就是打开蜂箱，根据需要了解的情况，有目的地重点从蜂群中抽出一两张巢脾进行检查，从抽出的巢脾判断整群的情况。相对于全面，这样做检查时间短，对蜂群影响小。

① 蜂群内饲料的贮存情况：打开蜂箱检查边脾，如果边脾两上角无贮蜜，说明饲料不足；如果整张脾都没有蜜，说明蜂群严重缺乏饲料。

② 蜂王产卵和蜂群的繁殖情况：打开蜂箱，检查中间的巢脾，如果中间巢脾上不见蜂王，但在巢房内有卵和小幼虫，蜜蜂情绪稳定，证明该群蜂蜂王正常；如果中间巢脾上不见蜂王，脾面上又没有卵和各龄幼虫，蜜蜂行动慌乱，说明这群蜂没有蜂王；如果巢房中的卵无规则，东倒西歪，或一个巢房中有多粒卵的情况，说明蜂王失去时间较长，工蜂开始产卵；如果在巢脾上看到蜂王，且又出现一个巢房有多粒卵，说明蜂王已衰老；如果巢脾下缘出现规则、整齐的王台，说明蜂群产生了分蜂热。

③ 幼虫发育情况：打开蜂箱，从蜂箱中间部位提出一两张巢脾进行检查。如果脾面幼虫整齐、虫龄较一致，未封盖幼虫饱满滋润有光泽，封盖子封盖整齐，说明幼虫发育正常，哺育力充足；如果脾面幼虫不整齐，虫龄严重不一致，甚至出现卵、各龄幼虫、封盖子花杂排列（也称花子）或幼虫干枯死亡，或封盖巢房被咬开，说明幼虫发育不良或有幼虫病。

④ 蜂脾比例：打开蜂箱，在副盖下，隔板外挤满蜜蜂，边脾无空脾，说明蜂多于脾，应加巢脾；如果边脾上蜜蜂稀疏，说明蜂少于脾，应抽出多余的巢脾。

（三）蜂群的饲喂

1. 饲喂糖浆

糖浆饲喂蜂群，分补助饲喂和奖励饲喂。饲喂期间要缩小巢门，以防盗蜂，特别在蜜源缺乏期饲喂应加强，防止盗蜂。饲喂量应以当晚能食完为度。

2. 饲喂花粉

外界蜜、粉源植物尚未开花，或蜂巢内存花粉不足的情况下，会影响蜂王产卵，使幼虫发育不良，引起蜜蜂早衰及影响蜜蜂分泌王浆、蜂蜡的能力。要及时进行饲喂花粉，或加入花粉脾。

3. 饲喂水

在炎热的夏天，一般一个处于繁殖期的中等蜂群，每天约需水250毫升，所以当外界采不到水，或水源缺乏时，就要及时给蜂群喂水。

4. 喂盐

食盐是组成和更新蜜蜂肌体组织，促进生理机能旺盛和帮助消化不可缺少的物质。用含盐量在0.5%以下的淡盐水喂蜜蜂，浓度高于0.5%易引起饲喂性食盐中毒。利用中蜂巢门口常有湿热空气流通的特点，在此处撒些盐分，让蜜蜂自行舔食也可以。

（四）巢脾的修造

1. 掌握好造脾的最适时期

当蜜蜂大量往回采粉、蜜，在巢脾上出现粉圈时；当巢框上梁表面发白，即出现白色蜡点时；当蜜蜂开始在巢脾下添造新巢房，即在巢脾上出现蜡瘤、赘脾时，为造脾的最适时期。

2. 做好造脾前的准备工作

在准备造脾前的两三天，把蜂群内无子或少子的旧脾抽出，放置于隔板外，使蜂群内蜜蜂密集。对造脾蜂群在晚上进行饲喂，促使蜜蜂泌蜡造脾。

3. 造脾的方法

(1)加入人工巢础造脾。在蜂群大量进粉、进蜜，巢内子脾正常，蜂脾相称，且巢脾基本满框时，可插入准备好的巢础框造脾。

(2)割掉旧脾造新脾。在中蜂的巢脾上，育虫区通常在巢脾的中下方，巢脾的上方往往是贮蜜区，所以即使巢脾育虫区的巢房边黑了，但上部贮蜜区的巢房仍未变黑，因此，中蜂咬脾总是从中下方开始。由于中蜂在非分蜂期一般不造雄蜂房，可以利用原有的巢脾，把巢脾中下方黑旧部分割掉，让蜜蜂在留下的巢脾下缘重新修造新的巢脾。

（五）蜂王的诱入和围王的解救

诱入蜂王也叫介绍蜂王，与蜂群的并合基本相同，也是使诱入蜂王的气味和接受蜂群的气味相同。在诱入蜂王前还应做一些准备工作。

1. 诱入蜂王前的准备工作

在诱入蜂王之前，应将接受蜂群内的王台全部清理干净。给无王群诱入蜂王时，最好在蜂群失王 3 天内进行较易成功。

2. 诱入蜂王的方法

诱入蜂王的方法有直接诱入法和间接诱入法。由于中蜂的嗅觉特别灵敏，所以除王台采用直接诱入法外，一般都采用间接诱入法诱入蜂王。

（六）蜂群的合并

对两个以上弱小蜂群采取合并方式，将其变为中等以上蜂群的方法称为蜂群的合并。蜂群因失王而又无储备王或成熟王台时，也要将失王群并入其他有王群。

（七）蜜蜂飞逃的预防措施

（1）认真选择放蜂场地，精心管护蜂群。

（2）选择优良蜂王。

（3）保持箱内有充足的饲料。

（4）先稳定蜂群再进行调整。

（5）捉走蜂王、控制飞逃。

（6）控制蜂王、防止飞逃：给有飞逃征兆的蜂群安插巢门隔王片，直至飞逃征兆完全消失，才可拆下隔王片，或将全场蜂王的一个翅膀剪去2/3，使之失去飞翔能力。蜂王不随飞逃蜂群去，蜂群要飞逃也飞逃不了。

（八）盗蜂的识别与控制

盗蜂，就是飞到别的蜂群里，盗吸蜂蜜后飞回原群的工蜂。一般发生在蜜源末期和缺蜜期，或是由于蜂蜜遗留在放蜂场地上，装蜜脾的蜂箱关闭不严等引起。

如发生大股盗蜂，要迅速堵住被盗蜂群巢门，对乱飞的盗蜂用浓烟喷入，过1个小时打开巢门放走盗蜂后再关闭，晚上将盗群和被盗群的巢门打开。同时可采用搬家的办法，将被盗群搬到别的地方，在原地放一空箱，盗蜂进入空箱无蜜可盗就自然消除。

五、春夏秋冬四季管理要点

（一）春季管理

1. 全面检查

当外界气温达到10℃时，越冬蜂团开始散开，蜂王开始产卵，工蜂出巢飞行排泄，应开箱检查蜂群群势、蜂王产卵情况、饲料情况、巢脾情况，针对不同蜂群情况采取不同的管理办法。检查动作要快，时间要短，检查完立即放好巢脾，盖好箱盖，添加好保温物。检查最好在晴朗无风的中午进行，减少箱内温度散失。

①保持蜂脾相称。②组织双群同箱饲养。③加强人工保温：蜜蜂培育蜂子箱内需要34～35℃的稳定巢内温度，温度低，子圈难以扩大，蜜蜂为了维持育子温度，要消耗大量的饲料增加活动，容易造成饲料不足和蜜蜂早衰，形成蜂群春衰。预防措施包括：一是紧缩巢脾；二是增加箱内箱外保温；三是调节巢门；四是饲喂（喂水、喂无机盐、喂花粉）。④扩大产卵圈。⑤适时扩大蜂巢。⑥人工育王、分蜂。⑦组织强群取蜜。⑧预防病害：外界气温20℃左右时容易发生中蜂囊状幼虫病，可用清热解毒中

草药和人参等加入糖水饲喂,提高蜜蜂的抗病力。

2. 防盗

早春蜜粉源缺乏情况下,注意预防盗蜂。

(二)夏季管理

1. 加强遮阴

温度过高是造成中蜂出现分蜂热的主要原因,搭棚遮阴,把蜂箱移至树荫下避免太阳直接照射,扩大蜂路,垫高蜂箱,打开纱窗给蜂群降温是夏季蜂群管理的重要管理手段。

2. 及时控制分蜂

扩大蜂巢取蜜;扩大巢门,放宽蜂路;调整群势,调换子脾;淘汰旧脾,多造新脾;选用良种,更换蜂王;定期检查,毁弃王台适当取蜜,促进采蜜。

3. 及时控制迁飞

中蜂迁飞的主要原因是箱内饲料不足,在任何时候都要给蜂群留足饲料。蜂群中如出现迁飞现象应立即关闭巢门,收捕迁飞蜂团,傍晚对迁飞群进行检查,找出迁飞原因并及时处理。

(三)秋季管理

1. 奖励饲喂

9月上中旬,宁强气温开始下降,野外有零星蜜源时,进行适当奖励饲喂。

2. 淘汰老蜂王

对度夏之后,产卵少的老劣王进行淘汰。

3. 宁强县秋末冬初流蜜期的管理

(1)培育越冬适龄蜂。(2)留足饲料。(3)防盗:秋季蜜源断蜜时容易发生盗蜂和胡蜂的侵袭,应加强防范。

(四)冬季管理

①调整巢脾:做到蜂多于脾。②选好场地:选择背风向阳,

地势干燥，安静，太阳不易照射到的地方，让蜜蜂在冬季处于休眠状态。③越冬包装：中蜂比较耐寒，外界气温不低于20℃时，不需要包装。④缩小巢门：缩小巢门一方面可减少冷空气进入，另一方面可防止老鼠串入，破坏蜂巢。

六、病敌害防治

蜜蜂的病敌害防治基本是预防保健措施，应坚持“以防为主”“防治结合”的基本原则。

1. 蜂场与饲料卫生消毒

(1)蜂箱蜂具消毒：蜂箱、蜂具在保存和使用前，都要进行消毒。常用的消毒方法有灼烧法、烧碱消毒、日光曝晒、煮沸法消毒、石灰水消毒等。

(2)巢脾消毒：用百菌杀或漂白粉溶液浸泡消毒，还可使用4%福尔马林溶液、2% ~5%高锰酸钾溶液、1% ~3%烧碱溶液或1%新洁尔灭溶液。

(3)硫黄熏烟消毒：硫黄燃烧时产生二氧化硫气体，可杀死蜂螨、蜡螟及真菌等微生物，每隔7天熏烟1次，连续2 ~3次。

2. 常见传染病预防

在没有意蜂进入放养的地方，中蜂常发生的传染病就是囊状幼虫病。

(1)中蜂囊状幼虫病的防治：

症状：囊状幼虫病毒使2 ~3日龄幼虫感染，潜伏期一般为5 ~6天，在气温适宜的春季和秋季多发，通常使大幼虫或封盖幼虫致病，无法化蛹并大量死亡。染病幼虫一般都在幼虫封盖前后表现症状，在最初阶段和健康幼虫一样变化不大，只是幼虫的前端稍低垂，头部的1/3处变得透明，体躯分节明显，体表的渗出液比健康的幼虫多。工蜂感病后，出勤怠慢，哺育力明显下降,寿命缩短。刚出生的染病幼蜂易被其他工蜂赶出巢外,爬到蜂箱外周围而死亡。蜂王感病后,产卵量明显下降,导致蜂群衰退很快,严重影响养蜂生产。

防治方法:

加强饲养管理:①避开病区,选择无病区饲养;②合并病群,弃子换脾,隔离防治;③幽王或换王断子,阻隔病原传播;④巢脾蜂箱消毒;⑤补充饲喂;⑥保洁清扫。

药物防治:①中草药预防;②中西药结合治疗。

(2)寄生虫的防治:

大蜡螟是中蜂常见的寄生虫,其幼虫称巢虫(又称棉虫、隧道虫)。大蜡螟通常为害巢脾,伤害蜜蜂幼虫及蛹,造成“白头蛹”。

防治方法:

加强饲养管理,培养强群:清洁蜂箱,堵塞箱缝;生物防治。大蜡螟幼虫对苏云金杆菌敏感,蜜蜂及蜜蜂幼虫对苏云金杆菌不敏感。当蜂群受到巢虫为害时,将苏云金杆菌制剂水溶后立即喷洒在巢脾的两侧,巢虫会在短时间内停止进食,虫体逐渐变黑直至死亡。物理防治:蜡螟幼虫在-7℃以下5小时以内就可死亡,将巢脾置于-7℃以下的冰柜或冷库中,冷冻5~10小时就可杀死蜡螟幼虫。

(3)敌害的防治:

对蜜蜂构成威胁的敌害有:胡蜂、中华绒茧蜂、野熊等。

胡蜂的种类:胡蜂按形态特征可分为金环胡蜂、黑胸胡蜂、黑盾胡蜂、基胡蜂、黑尾胡蜂、黄腰胡蜂等。

防治方法:

扑打消灭来犯胡蜂;敷药毒杀胡蜂。毒杀药物有:林丹、毒杀酚、敌百虫、对硫磷、甲基对硫磷等。

第十八节 散养母猪饲养管理技术

散养母猪是指农村以户为单位,因陋就简,因地制宜,户均饲养1~5头基础母猪,生产出售优质商品仔猪的一种经营模式。一头母猪年可产商品仔猪20头400千克,按当前市场价32元/千克计算,年收入可达12800元。母猪及仔猪饲养成本大约在6000元,饲养一头母猪年至少获利6000元,饲养5头母猪年可获利3万元。实属农村脱贫致富短平快项目。

一、后备母猪选择

后备母猪必须来自产仔数多、哺乳率高、断奶窝重较高的经产母猪后代。一般选留第2~5胎母猪后代,符合本品种的外貌标准,生长发育好,前胸开阔、背部宽长、后躯发达、体形丰满、四肢端正结实,乳头在7对以上,排列整齐、分布均匀,无瞎乳和副乳头,阴户发育较大且下垂,形态正常。品种上宜选择长白×约克、长白×汉白、约克×汉白、长白×太湖、约克×太湖等高产高效二元母猪,以利用终端杂交父本杜洛克进行杂交,生产优质三元杂交商品仔猪。

二、饲养环境

圈舍应通风换气良好、光线充足,舍内清洁卫生、整洁干燥、冬暖夏凉,地面平坦、墙壁光滑,利于消毒。

三、后备母猪饲养管理

后备母猪是指3~8月龄,体重20~90千克配种前的母猪,培育要求生长发育良好,体躯各部比例适当,体质结实健壮,体重较大但不过肥。

(一)后备母猪饲养

用后备母猪全价饲料限量饲喂。饲料参考配方为:

饲料	20~35 千克体重	35~60 千克体重	60~90 千克体重
玉米	53.5	50.5	43
豆饼	25	20	17
麦麸	10	15	20.5
米糠	10	13	18.2
贝粉	1	1	0.9
食盐	0.5	0.5	0.4

日喂量为体重的2.5%~3.0%,体重达80千克后为体重的2.0%~2.5%,可加喂优质青绿饲料。

(二)后备母猪管理

1.做好调教

用1周时间驱赶母猪,使之养成定点排泄、定点吃食、定点睡觉的"三角定位"习惯,以利舍内清洁卫生;经常抚摸母猪乳房,培养人与猪之间的感情,养成母猪温驯性格,以利提高母猪护仔性能。

2.做好免疫

60日龄免疫猪口蹄疫灭活疫苗、猪瘟弱毒疫苗;70日龄免疫猪丹毒-猪肺疫二联疫苗;配种前每间隔7天依次免疫猪瘟弱毒疫苗、高致病性猪蓝耳病疫苗、猪细小病毒灭活疫苗、猪伪狂犬基因缺失弱毒疫苗。

3. 适时配种

地方品种7月龄，体重达60～70千克；国外品种8～10月龄，体重达90～120千克；培育品种和杂种猪在两者之间。配种适宜时间应在母猪排卵前2～3小时，即在发情后20～30小时。

三、妊娠母猪饲养管理

1. 妊娠母猪的饲养

妊娠前期胚胎发育缓慢，营养需要不多，精料过多反而会造成胚胎早期死亡，可按空怀母猪饲养；随着胎儿的发育，妊娠中后期应逐渐增加精料饲喂量。妊娠30～50天：经产母猪1.5～2.5千克/天，初产母猪2～3千克/天，日喂2次。妊娠50～80天：经产母猪1.5～2千克/天，初产母猪2～3千克/天，此阶段体况较差的母猪，可适当增加0.5千克，日喂2次。妊娠80～110天：经产母猪3～3.5千克/天，初产母猪3.5～4千克/天，日喂2次。

妊娠母猪参考饲料配方为：妊娠前期（怀孕10～77天），玉米36%、小麦30%、米糠21%、豆粕9%、母猪预混料4%；妊娠后期（怀孕78～107天），玉米36%、小麦30%、米糠16%、豆粕14%、母猪预混料4%。

2. 妊娠母猪管理

(1)控制母猪体况。标准体况为断奶母猪不低于2.5分，临产前3.5分，整个怀孕期由2.5分向3.5分过渡，大部分时间维持在3分。体况鉴定方法是：通过观看、触摸、按压肋骨、髂骨、椎骨情况作出鉴定。肋骨、髂骨、椎骨，肉眼可见为消瘦评分为1分，触摸易感为偏瘦2分，手掌按压能感觉到为理想3分，手掌按压感觉不到为肥4分，手掌按压感觉不到为过肥5分。体况调整方法是：1分与5分的母猪增、减日喂量0.5～0.6千克,2 分与 4 分的母猪增、减日喂量 0.2 ~0.3 千克。

(2)做好妊娠鉴定。配种后 18 ~24 天、39 ~45 天做好妊娠鉴定,及时检出返情未孕母猪。

(3)减少应激。避免热应激,不得鞭打追赶母猪,防止拥挤、惊吓、急转弯、滑倒,及时通风换气,搞好清洁卫生。

(4)做好免疫工作。产前4 ~6 周,每间隔7 天,依次免疫猪伪狂犬基因缺失弱毒疫苗、大肠杆菌双价基因工程疫苗、猪传染性胃肠炎 – 流行性腹泻二联灭活疫苗,防止流产、死胎、木乃伊等繁殖障碍性疾病,以及仔猪水肿病、传染性胃肠炎、流行性腹泻病的发生。

(5)禁用流产药。配种后 1 个月内和产前 1 个月内避免接种疫苗,以免死胎、流产。

(6)严禁饲喂霉烂变质饲料。

(7)预产期推算:月加 4,日减 6 法。如 5 月 8 日配种,预产期为 9 月 2 日。

四、分娩母猪饲养管理

1. 分娩母猪饲养

产前 3 天减少喂量,产前、产后 1 天内不喂料,产后第 2 天适当喂料,到产后 5 天恢复哺乳期喂量。通过产前、产后 3 天限量饲喂,减少母猪乳房炎及仔猪腹泻病的发生。

2. 分娩母猪管理

(1)观察临产征兆:产前 1 周外阴红肿,尾根两侧下陷,俗称“塌胯”。临产时腹部下垂,乳房膨大有光泽,乳头外张,1 天左右能挤出奶水,最后一对奶头挤出奶水时,8 小时左右分娩。产前 2 小时左右躺卧不安、频频排尿,羊水破裂后 10 ~20 分钟分娩。

（2）临产准备：母猪产前1周对母猪及圈舍进行消毒，准备好干净毛巾、碘酒、药棉、剪刀等接产用品，准备好新鲜垫草。

（3）做好接产工作：仔猪出生后，立即用毛巾擦净仔猪口鼻、全身黏液；将脐带血挤向腹部，距腹壁3～4厘米处用缝合线结扎后剪断脐带，断端涂5%碘酒消毒。将仔猪放入35℃以上保温箱，身体干燥后，哺乳和固定乳头。

（4）假死仔猪抢救。仔猪产后无呼吸，但心脏仍在跳动，称“假死”。急救办法为人工呼吸，即将仔猪四肢朝上，一手托肩部，一手托臀部，一屈一伸反复进行，直到叫出声为止。也可一手提后肢头朝下，一手拍打肋骨。

（5）难产处理。胎水流出后半小时母猪出现努责，但产不出仔猪，可能难产，需人工助产：手臂消毒后，伸入产道，抓住仔猪后随母猪努责将其掏出。

五、哺乳母猪饲养管理

哺乳母猪饲养一是为了提高其较大的泌乳量，满足仔猪乳汁需要，获取健壮仔猪；二是保持母猪不肥不瘦的体况，以利尽快发情配种。

1. 哺乳母猪饲养

哺乳母猪日喂精料（千克）＝2＋0.5×带仔数，通常日喂4～5千克，原则上不限饲。为了提高产奶量还应不限量加喂青绿饲料。一般日喂4～5次。不喂霉烂变质饲料，保证饮水充足。

哺乳母猪饲料参考配方：玉米59.6%、豆饼6%、菜子饼4%、麦麸25%、鱼粉3.5%、石粉0.9%、骨粉0.6%、食盐0.4%。

2. 哺乳母猪管理

(1)保持圈舍清洁、干燥、通风良好、冬暖夏凉。

(2)温暖天气母、仔多晒太阳,增加运动。

(3)保护好哺乳母猪乳房和乳头,发现疾患及时治疗。

(4)注重母猪膘情和仔猪生长发育情况。如仔猪健壮、被毛光泽、个体间发育均匀,母猪体重减轻但不过瘦,则饲养管理合理;如母猪过肥或过瘦,仔猪瘦弱,则饲养管理有问题,应查明原因。

(5)产后3天若母乳不足,应采取催乳措施。

(6)做好哺乳期配种。母猪产后有3次发情,第一次于产后3~5天,此次发情不明显、卵子不成熟,不宜配种;第二次于产后27~32天,此次能正常发情、能正常排卵,应抓住此期搞好配种;第三次于产后48~53天,如第二次未配上,应在本次尽快配种。

六、仔猪饲养管理

仔猪生理特点:一是神经发育不健全,体温调节机能差,皮薄毛稀,特别怕冷,容易冻死,反应能力差,行动不灵活,易被压死、踩死;二是没有先天免疫力,必须通过初乳获得抗体;三是消化器官不发达,消化机能不完善,胃酸浓度低,杀菌能力差,易下痢;四是生长速度快,对营养物质的量与质要求高。根据以上特点,仔猪饲养管理应采取以下措施:

1. 保温

仔猪适宜温度为20~30℃,温度应保持稳定,防止忽高忽低。可在母猪圈一侧建一长、宽、高分别为80厘米、120厘米、100厘米有仔猪进出门的保温室,上盖塑料薄膜,里垫干软垫草,小室以红外线灯泡(250瓦)或专用仔猪电热板为热源予以保温。

2. 吃足初乳

初乳营养成分大大高于常乳，抗体丰富、酸度较高、镁盐充足，对增强仔猪抗病力、促进胎粪排出具有不可替代的作用。仔猪出生后，必须尽快、尽早让其吃足吃好初乳。

3. 固定乳头

仔猪生后2~3天应固定乳头。人为地将弱小仔猪固定在前、中部乳头上，将强壮仔猪固定在中、后部乳头上，以利提高弱小仔猪成活率，改善仔猪发育整齐度。

4. 补铁补硒

铁是造血原料，初生仔猪铁贮备少，从母乳中获取有限，如不及时补充会发生营养性贫血；缺硒地区，仔猪易发生缺硒性下痢、肝坏死、白肌病。因此，初生仔猪必须补铁、补硒，一般于出生后2天内，在颈侧肌肉注射右旋糖酐铁钴注射液和亚硒酸钠维生素E注射液。

5. 早开食早补料

母猪泌乳量于产后20~30天达高峰，以后逐渐下降，单靠母乳已不能满足仔猪生长发育需要。仔猪7日龄左右开始出牙，牙床发痒，喜欢啃咬硬东西，此时，可用炒黄的玉米粒引诱开食，并摆设水槽训练饮水。若训练有序，开食顺利，则20日龄左右就能较好地采食饲料，25日龄就能大量采食仔猪料。仔猪料参考配方为：玉米58%、大麦10%、豆饼21%、鱼粉7.7%、豆科草粉2.0%、贝粉0.3%、骨粉0.7%、食盐0.3%。

6. 把好仔猪下痢关

下痢是仔猪多发的疾病，主要有黄痢和白痢。应采取综合措施防治下痢。

(1)加强母猪妊娠期饲养。妊娠后期给母猪加料以提高仔猪初生重,增强仔猪先天抗病力;提高泌乳母猪泌乳量,使母猪奶足奶好,增强仔猪抗病力;无论是妊娠或泌乳母猪,都要多喂青绿饲料,以增加维生素补充量;饲料更换逐渐过渡,不喂发霉变质、有毒有害饲料。

(2)产前应对产房清洗消毒。产后每周消毒1~2次,保持圈舍干暖、卫生、空气新鲜。

(3)供给仔猪优质全价饲料。仔猪日粮中适当添加复合维生素、复合酶、乳清粉、有机酸、玉米油、调味剂、抑菌抗菌剂、微生态制剂等,促进仔猪生长发育,防止仔猪下痢。

7. 把好仔猪断奶关

仔猪断奶使仔猪由吃奶加吃料变为离奶吃料,母仔分居,仔猪因思念母猪,鸣叫不安、吃睡不宁,甚至发生下痢。因此应把握好断奶时间和方法。农村散养母猪在把握好仔猪补料关的情况下,可于35~40日龄断奶,最好不超过50日龄,以利母猪高产稳产。断奶方法:采取赶母留仔,原圈饲养,这样可以避免仔猪重新组群和变换环境等应激因素影响仔猪增重。仔猪断奶后2~3周内仍喂仔猪料,以后再逐渐过渡为育成仔猪料,严禁突然变换饲料,饲喂次数逐渐向每天3~4次过渡。保持圈舍干暖、清洁卫生,保证饮足清洁饮水。

8. 做好免疫

1日龄免疫猪瘟弱毒疫苗;7日龄免疫猪喘气病灭活疫苗;15日龄免疫仔猪水肿病疫苗;20日龄免疫猪瘟弱毒疫苗;21日龄免疫猪喘气病灭活疫苗;23~25日龄免疫高致病性猪蓝耳病灭活疫苗、猪传染性胸膜肺炎灭活疫苗、链球菌II型灭活疫苗;28~35日龄免疫口蹄疫灭活疫苗、猪丹毒－猪肺疫二联疫苗、仔猪副伤寒弱毒疫苗、传染性萎缩性鼻炎灭活疫苗;55日龄免疫猪伪狂犬基因缺失弱毒疫苗、传染性萎缩性鼻炎灭活疫苗;60日龄免疫口蹄疫灭活疫苗、猪瘟弱毒疫苗;70 日龄免疫猪丹毒 - 猪肺疫二联疫苗。

七、母猪输精技术

充分利用全县供精网络,实施农村散养母猪人工授精技术,可大大降低母猪配种成本,生产出优质三元杂交商品仔猪。

1. 准确把握输精时间

母猪出现发情症状后 12 ~ 24 小时为最佳输精时间。实践中,可按"老配早、小配晚、不老不小配中间"的原则输精,即老母猪在发情开始后第二天输精,小母猪在发情开始后第三、第四天输精,中年母猪输精时间介于二者之间。一般手压发情母猪背部站立不动即出现静立反应时,可进行第一次输精,间隔 12 小时后再进行第二次输精,可大大提高母猪受胎率。

2. 输精方法

(1)做好输精准备:输精管经真空蒸煮消毒,并用生理盐水冲洗,再用稀释液冲洗备用;母猪外阴用 0.1% 高锰酸钾液消毒并用卫生纸擦干。

(2)输精要点:左手把阴唇分开,右手持输精管稍向斜上方插入 10 ~ 15 厘米后以水平方向旋转推进。当感知输精管前端遇到阻挡时,说明已到子宫颈外端,这时轻轻转动输精管,并稍稍用力向前推进,感觉进入子宫颈皱褶里,经过两个硬的皱褶,输精管即到达子宫体,这时可将精液徐徐注入。经 2 ~ 5 分钟 20 毫升精液输精完毕,慢慢抽出输精管,用手按压母猪背部,以免母猪弓腰,精液倒流。

第十九节 肉牛规范化饲养管理技术

牛肉富含蛋白质和人类全部必需氨基酸、神经磷脂、四烯酸、反式亚油酸、酯化胆固醇和铁，具有抗心血管疾病、增强人体免疫力、抗癌、益智补神、强身健体的作用，是绝佳的保健食材，深受消费者欢迎。由于农业机械化的应用，我国肉牛存栏量由2008年的8900万头下降至2013年的6500万头，每年下降7.5%；牛肉价格由2008年的26元/千克涨至2013年的60元/千克，每年增长17.2%；牛肉消费由2008年人均4.3千克增长至2013年人均5.6千克，每年增长6.8%。加之牛为单胎动物，世代间隔长，造成牛肉供给侧短板不可避免，发展肉牛产业具有极其广阔的市场前景。

一、肉牛品种选择与杂交组合

（一）肉牛品种

1. 安格斯牛

原产于英国，是世界上最优秀的肉牛品种之一。安格斯牛无角，被毛黑色或红色。体型低矮，躯体紧凑结实，头小方正，额宽，额顶突起，背线平直，腰肩丰满，躯体圆筒状，四肢短而端正，躯体平滑而丰润，皮肤松软，富有弹性，被毛光亮。成年公牛700～900千克，母牛500～600千克。屠宰率60%～65%，哺乳期日增重0.9～1.0千克，育肥期（1.5岁以内）日增得0.7～0.9千克。安格斯牛属小型品种，具有适应性强、肉质好、屠宰出肉率高等特点。18~20月龄初配，产犊间隔短(12个月左右)，连产性好，很少难产，是肉牛杂交体系中最好的母系，杂交改良后代既适放牧又适应秸秆氨化舍饲。

2. 西门塔尔牛

原产瑞士，属乳、肉、役兼用品种。是世界肉牛杂交利用的重要配系品种。毛色为黑白花或红白花，头、腹部、腹下和尾帚多为白色，肩部和腰部有条状白花片。头较长，面宽，颈长中等，体躯长，肋骨开张，前后躯发育好，尻宽平。体躯深宽高大，肌肉发达，乳房发育良好。成年公牛800~1200千克，母牛600~750千克。日增重0.8~1.2千克；产乳性能好，年产奶4070千克。肥育后屠宰率51.6%，净肉率42.3%。适应性强，耐粗饲，抗寒、抗病性能好，难产率低，耐粗放管理。杂交改良效果好，杂交改良牛初生重较一般肉牛提高10~15千克，且乳汁好，犊牛生长发育快。

3. 秦川牛

原产于陕西关中平原，是我国著名大型役、肉兼用品种。具有躯体高大、肉用性能好、遗传稳定、适应性强、肉骨比高、胴体脂肪含量低、肌肉含量高等特点。与夏洛来、安格斯相比毫不逊色，其细嫩的肉质、浓郁的风味，更非国外肉牛品种可比拟。毛色以紫红色和红色居多，头部方正，鼻镜肉红色，角短，呈肉色，多向外或向后稍弯曲；体型大，骨骼粗壮，肌肉丰满，体质强健；肩长而斜，前躯发育良好，胸部宽深，肋骨开张，背腰平直宽广，荐骨部稍隆起，多斜尻。肉用性能良好，易于育肥，18月龄400千克左右，屠宰率58.3%，净肉率50.5%。12月龄性成熟，2岁左右配种，常年发情。是优秀的地方良种及理想的杂交配套品种。

(二)肉牛杂交组合

以本地黄牛为母本,以安格斯牛、西门塔尔牛或秦川牛为父本改良本地黄牛,肉用性能明显提高,是较为理想的杂交组合。

(三)肉用牛选择

肉牛外貌特征:体躯低垂,皮薄骨细,全身肌肉丰满、浑圆、疏松而匀称。前、侧、俯、后望均呈长方形。前望:胸宽而深,鬐甲平广,肋骨十分弯曲,前视矩形。侧望:颈短而宽,胸、尻浓厚,前胸突出,股后平直,侧视矩形。俯望:鬐甲宽厚,背腰、尻部广阔,背视矩形。后望:尻部平直,两腿深厚,后视矩形。

二、肉牛规范化饲养管理技术

(一)肉牛饲养管理

根据育肥阶段、体重、饲料来源情况制定科学合理的饲料配方;各类饲料、添加剂应充分搅拌、混匀后方可喂牛;按体重大小、强弱分群饲养,喂料量按要求给予;自由采食,自由饮水;定顿、定时、定量饲喂,杜绝忽早忽晚;喂料、消毒、清粪按规程实施,动作要轻,保持环境安静;随时看采食、看饮水、看反刍、看精神是否正常;每天上下午定时刷拭牛体 1 次;一次添料不宜太多,严防铁丝、铁钉等异物,不喂霉烂变质饲料;保持牛舍清洁、卫生、干燥、安静,消灭舍内蚊蝇;露天牛场(每栏 100 头以上)2 ~ 3 个月清粪 1 次;牛棚牛舍(每栏 10 ~ 20 头)每天清粪 2 次;定期做好免疫、保健工作;夏季防暑,冬季防冻保暖;减少应激。

(二)犊牛规范化饲养管理

1. 犊牛饲养

(1)喂足初乳:初乳中含有大量抗体,可使犊牛获得被动免疫;初乳中有含量高于常乳 10 多倍的维生素 A,4 ~ 5 倍的蛋白质,2 ~ 3 倍的干物质,营养价值极高,可增强犊牛对外界环境的适应能力,促进生理机能的完善和生长发育;含有较多镁盐,促进排尽胎粪;酸度很高,可抑制有害微生物,保护犊牛肠胃,并刺激消化液和胆汁分泌,促进消化吸收。

小牛出生后,应在半小时内吃上初乳。第一次让小牛吃足初乳,每天按小牛体重 1/8 ~ 1/6 供给,日喂 3 次,乳温 35 ~ 38℃。自食母乳时,应经常消毒母牛乳房,关注犊牛是否吃饱母乳;人工喂乳时,乳温 35 ~ 38℃。

没有初乳时,可用人工乳代替,配方是:每千克鲜奶中加入鱼肝油 3 ~ 5 毫升或维生素 A 4000 ~ 5000 国际单位,鸡蛋 2 ~ 3 个,土霉素 40 ~ 50 毫克,充分搅拌,加热饲喂。最初 1 ~ 2 天每天喂30 ~ 50 毫升液体石蜡或蓖麻油,以排净胎粪,胎粪排净后停喂。第 5 天起,土霉素减半,直到犊牛生长发育正常或至半个月时停用。

(2)哺喂常乳:犊牛哺喂常乳 60 ~ 90 天,哺乳量 300 ~ 500 千克。早期断奶哺喂常乳 30 ~ 50 天,哺乳量 90 ~ 150 千克。日喂奶量为体重的 1/10 左右。初生 2 ~ 3 周内,每增加 6 ~ 10 千克体重每天增乳 1 千克。头 1 个月喂常乳每天喂给 250 毫克土霉素。在整个哺乳期中,坚持前期多喂后期少喂原则,前期占总喂量的 2/3。1 日 3 次,做到"五定",即定位、定时、定量、定温(38℃)、定人。

(3)早补草料:出生后 1 周,在犊牛栏草架内添加优质干草,让其自由采食。出生 10 ~ 15 天训练采食犊牛料。方法是:每天喂奶后在牛嘴周围涂抹少量犊牛料,引导开食。开始每天 20 克,可用麦麸、玉米、大麦加入骨粉、食盐配合成干粉料,逐渐使其随意采食。早期投喂胡萝卜,能促进消化器官发育。另外,每 100 千克犊牛料内加多维生素 5 克。1.5 月龄后,每天可喂青贮料,让其自由采食。

(4)补充饮水:生后1周开始训练,水中加适量牛奶,诱其饮水,饮好饮足。最初饮36~37℃温开水,10~15天后改饮常温水。1月龄后在运动场水池中贮满清水,让其自由饮用,但水温应不低于15℃。

(5)补饲抗生素饲料:初乳期结束后,每天补饲1万国际单位金霉素饲料,30天后停喂。

2. 犊牛管理

(1)哺乳卫生:犊牛出生后2~3周内,应用哺乳器(带有橡胶奶嘴)喂乳。不得用桶哺饮,否则,因犊牛饮奶过急,食道沟闭合不全,乳汁溢入前胃,致使发育尚未完善的前胃异常发酵,严重者可致死亡。4周龄后,可改用奶桶喂奶。哺乳用具用后及时洗净,用前蒸汽消毒;饲槽用后刷洗干净,定期消毒。每次喂奶完毕,用干净毛巾将牛口、鼻周围残留乳汁擦干,然后用颈架夹住十几分钟,防止其互相乱舔,养成"舔癖"。

(2)犊栏卫生:犊牛出生后,及时放进保育架内,其大小为1.1~1.2平方米。每头一栏,隔离管理。出产房后,转入犊牛栏,集中管理,每栏4~5头。犊牛栏内清洁干燥,铺上垫草。做到勤打扫、勤换垫草。牛栏地面、木栏、墙面应清洁,定期消毒。舍内阳光充足,通风良好,空气新鲜,冬暖夏凉。

(3)运动:夏季和天暖季节,产后2~3天,可放至舍外运动场做短时间运动。1月龄后,让其自由活动,但应避免日光直接曝晒,以免中暑。冬季除大风大雪气候严寒天气外,产后10天可在运动场每天0.5~1小时驱赶运动。1月龄后,运动时间增至2~3小时,上、下午各运动1次。

(4)皮肤卫生:刷拭能促进皮肤呼吸和血液循环,增强代谢,有利于犊牛生长发育;刷拭还能保持牛体清洁,防止体外寄生虫,养成犊牛驯良的性格。每天至少刷拭1~2次。

(5)调教管理:态度温和,经常刷拭,养成犊牛驯良的性格。

(6)去角:犊牛出生后10天去角。去角方法:先在牛角基部涂上凡士林油,然后用氢氧化钠或氢氧化钾棒涂擦牛角基部直至皮肤出血为止。去角后的犊牛要隔离饲养,防止互相舔食。

(7)分群管理:分为哺乳犊牛群(0~3月龄)、断奶犊牛群(3~4月龄)、断奶后犊牛群(4~6月龄)。每月称重1次,满6月龄后转入育成牛群。

(8)犊牛健康与疾病预防:犊牛两眼无神,尾巴紧缩,食欲不振,耳根发热,疑似感冒;粪便稀软,恶臭,颜色灰白,多为消化不良;被毛粗糙蓬乱,为营养不良;严重感冒下痢,应及时隔离治疗。消化不良,应立即减少喂奶量,必要时停止喂奶,同时增加饮水量,用温开水(38℃)与少量乳混合饮之;粪便越稀的牛,喂水量要越多,以防机体失水过多。

犊牛常见病发生原因:乳液变质、污染杂质细菌、乳温过低、喂量过多、不按时饲喂、补料不当(过多过少,不易消化饲料等)、饮水不洁均能引起犊牛消化不良,导致下痢、气管炎、肺炎等病。

犊牛常见疾病预防:首先改善环境和饲养卫生,保持舍内恒定的气温,加强犊牛运动和锻炼;其次改善犊牛营养,增进体质,做到无病先防、有病早治、严格检疫和消毒等疫病防治的各项制度。

(三)育成牛规范化饲养管理

计划做后备牛的犊牛在4~6月龄选出,要求生长发育好、性情温驯、体质良好,但不过于肥胖。

1. 育成牛饲养

日粮以青粗饲料为主,充分采食青草、青贮、干草。青饲季节可不补饲精料,仅补充矿物质。冬季可补饲少量精料。3~6

月龄，日粮为犊牛料2千克，干草1.4~2.1千克或青贮料5~10千克。7~12月龄，日粮为混合料2千克，青干草0.5~2千克，青贮料11千克。

放牧情况下，牧草良好时，日粮中粗饲料、多汁饲料、大约一半的精饲料可用牧草代替；牧草较差时，应补饲青饲料。青饲料采食量：7~9月龄18~22千克，10~12月龄22~26千克。每天青粗饲料的采食量可达体重的7%~9%，占日粮总营养价值的65%~75%，此时体重可达250千克。13~18月龄：为促进育成牛性器官发育，日粮中应增加青贮、块根、块茎饲料的喂量。一般不喂或少喂精料（日喂量0.5千克以下）；但优质青干草、多汁饲料不足的情况下，则每日加喂1~1.3千克精料。

2. 育成牛管理

（1）及时分群：育成牛断奶后进行分群。公、母分开饲养，体格大小相近、月龄不超过2个月、体重差异不超过30千克合为一群。

（2）加强运动：舍饲情况下，每天运动不少于2小时，一般采取自由运动。

（3）刷拭牛体：每天刷拭1~2次，每次不少于5~10分钟。

（4）适时配种：发育较好的牛18月龄配种。初配牛最好选择中小型肉牛品种，如安格斯牛或地方良种黄牛杂交，大型牛、经产牛可引入利木赞、夏洛来、西门塔尔等大型牛进行改良。

（四）成年母牛规范化饲养管理

1. 空怀母牛饲养管理

任务是：提高受配率、受胎率。母牛配种前应有中上等膘情，不过瘦也不过肥。通过改善饲养管理条件、增加运动和日光浴增强牛群体质，提高繁殖力。充分利用粗饲料，以降低饲养成本。

2. 妊娠母牛饲养管理

(1)满足营养需要:保证日粮含充足粗蛋白质,维生素A、维生素E及钙、磷等,防止营养不良而中止妊娠。确保饲料新鲜,不喂发霉变质、冰冻饲料,不喂酒糟、棉籽饼等含毒饲料。防止过瘦和过肥,以免发生难产。日粮以青粗饲料为主,适当搭配精料。日喂优质干草11千克,青贮10~15千克,混合精料2.5~3千克,食盐30克,骨粉45克。保证充足饮水,上、下午各驱赶运动1.5~2小时,每天刷拭2次。

(2)给予孕牛适宜的环境,保持牛的健康。每天清洗、打扫牛舍、牛床、牛体,保持清洁卫生,定期消毒,严格防疫。

(3)合理运动:孕牛牵引、驱赶、使役不过急、过快。

(4)合理用药:对胎儿有致畸、对子宫有收缩、对全身有麻醉、致烈性腹泻的药物应禁用。

(5)单独饲养:孕牛应与其他牛分开,防止顶架、爬跨等而致流产。

(6)避免孕牛受到机械损伤。

3. 泌乳母牛的饲养管理

目的是要有足够的泌乳量。放牧情况下,以早春产犊较好。舍饲情况下,以青饲和青贮为主,适当搭配精料。

(五)肉牛育肥

1. 肉牛生长发育特点

(1)生长发育的阶段性。分为胚胎期、哺育期、幼年期、青年期、成年期。各阶段体重增长与体组织发育的特点不同。

(2)生长发育的不平衡性。表现为体重增长、外形和骨骼的生长、组织器官生长的不平衡性。

2. 肉牛育肥方法

主要是用易消化的谷物饲料催肥,以提高产肉量和改善肉的品质。幼龄牛主要是肌肉增长,成年牛主要是脂肪沉积。

(1)持续育肥法:是指犊牛断奶后,立即转入肥育阶段进行肥育,到12~18月龄体重达400~500千克时出栏上市。优点是:饲料利用率高,能保持较高增重,饲养周期短,牛肉鲜嫩,品质佳,风味好,成本较犊牛肥育低。

(2)后期集中肥育法:对2岁左右未经肥育的或不够屠宰体重的牛,在较短时间内集中较多精料饲喂,让其增膘的方法,实质是架子牛的育肥。后期集中肥育又分为放牧加补饲、秸秆加精料日粮舍饲、青贮料日粮舍饲、酒糟日粮舍饲等方法。

3. 犊牛育肥

(1)小白牛肉生产:

小白牛肉生产是指犊牛出生后完全用全乳、脱脂乳或代乳料饲喂,哺乳期3个月,体重100千克左右时屠宰。其肉质细致柔嫩,味道鲜美,肉呈全白色稍带粉色,营养价值较高,蛋白质比一般牛肉高63%,脂肪却低95%,人体所需的氨基酸和维生素含量丰富。价格高出一般牛肉8~10倍。

小白牛肉生产,应选择优良的肉用牛、兼用牛、乳用牛或高代杂交牛所产公犊,并要求身体健壮,消化吸收机能强,生长发育快,初生重38~45千克。小白牛肉生产,要求犊牛在100天的培育期内靠全乳供给营养,因此,成本较高。

代乳料或人工乳喂养,要求尽量模拟全乳的营养成分,特别是氨基酸组成、热量供给等都要适应犊牛的消化生理特点和要求。

全乳培育犊牛生产小白牛肉饲养方案

单位:千克

日龄	期末体重	日给乳量	日增重	需要总乳量
1~30	64	6.4	0.8	192
31~45	76	8.3	0.8	133
45~100	103	9.5	0.93	513

注:总乳量中,10%为消耗量,每头全期共需乳量922千克。

(2)小牛肉生产:

小牛肉生产是指犊牛出生后6~8个月内,在特殊的饲养条件下育肥至250~300千克时屠宰。小牛肉风味独特,鲜嫩多汁,品位高,价格昂贵。虽然每头牛提供的肉量太少,但可作为高档牛肉满足部分高消费人群。

从产肉量看,每头2岁以内的牛提供的肉相当于成年牛的70%~80%,但2岁以内的牛育肥,饲料报酬高,牛肉质量好,生产每千克牛肉所消耗的蛋白质与牛生长至成年相差无几,且消耗的饲料量相对减少。实行肉牛2岁前早期育肥是专门化牛肉生产的主要方向。

4. 架子牛育肥

(1)育肥用架子牛的选择:

架子牛采用后期集中育肥法,即对2岁左右未经肥育或不够屠宰体重的牛,在较短时间内集中较多精料喂养,让其增膘的方法。对改良牛肉品质,提高肥育牛经济效益有明显的作用。架子牛应选择健壮、早熟、早肥、不挑食、饲料报酬高的牛。具体操作时考虑品种、年龄、性别、体质外貌。

①个体选择:杂交牛,年龄1.5~2岁,未去势或阉牛,体重

250~350 千克以上。

②外貌选择:口方额宽,采食能力强,上、下唇对齐,牙齿结构好;皮肤松弛,弹性大;骨架大,背腰长、宽,胸深、宽,尻部长、宽;身体健康,无消化道疾病的牛。

(2)新购架子牛的管理:

①隔离:进场后隔离 15 天以上。

②饮水:进场后,第一次饮水以 10~15 千克为宜,可每头加入人工盐 100 克;第二次饮水应在第一次饮水后 3~4 小时,水中可加麸皮。

③饲喂方法:首先饲喂优质青干草、秸秆、青贮,第一次限量饲喂每头 4~5 千克;其次于 3 天后逐渐加量饲喂,每天 8~10 千克;第 5~6 天后可自由采食;最后架子牛进场后 4~5 天可由少到多饲喂混合精料,10 天后可喂正常供给量。

④分群饲养:分栏前牛栏干燥,垫上干草,傍晚按大小强弱分群,每头牛占围栏 4~5 平方米。

⑤驱虫:牛入场后 5~6 天用阿维菌素等驱杀体内外寄生虫;驱虫 3 天后,口服"健胃散"350~400 克。驱虫可每隔 2~3 个月进行 1 次。如为秋天,可注射倍硫磷,以防牛皮蝇。

⑥其他措施:疫苗免疫,阉割,勤观察架子牛采食、反刍、粪尿、精神状态。

(3)育肥方法:

①育肥前期(过渡饲养期):约 15 天。刚引进的架子牛,经长时间、长距离运输及环境改变,应激反应较大,应保持环境安静,防止惊吓,让其尽快适应育肥环境条件。

②育肥中期:45~75 天。干物质采食量应逐渐达到体重的 2.2%~2.5%,日粮蛋白质 12%,精粗料比例为(45~50):(55~50)。若用白酒糟或啤酒糟作粗饲料,可适当减少精料用

量，日增重为1.2千克左右。

③育肥后期：30～80天。干物质采食量应逐渐达到体重的2.2%～2.4%，日粮蛋白质为4%，精粗料比例为（50～60）：（50～40）。日增重为1.5千克左右。

架子牛育肥期间，应加强日常饲养管理，保持牛舍清洁、干燥、卫生，定期消毒，不喂发霉变质饲料，不喂不洁、冰冻饮水，做到牛舍冬暖夏凉，做好疾病防疫工作，保持牛舍周围安静，减少应激。一般情况下，饲养3个月，肉牛体重达500千克左右时，就能出栏了。

三、牛场卫生防疫

（一）消毒

1. 消毒剂选择

消毒剂应对人、畜、环境安全，没有残留毒性，对设备无破坏，在牛体内不产生有害积累。可选用的消毒剂有：次氯酸盐、有机氯、有机碘、过氧乙酸、生石灰、氢氧化钠、高锰酸钾、硫酸铜、新洁尔灭、酒精等。

2. 消毒方法

（1）喷雾消毒：次氯酸盐、过氧乙酸、有机碘混合物、新洁尔灭等主要用于牛舍清洗完毕后的喷洒消毒、带牛环境消毒、牛场道路和周围及进入场区的车辆消毒。

（2）浸润消毒：新洁尔灭、有机碘混合物的水溶液，进行洗手、洗工作服或胶靴。

（3）紫外线消毒：对人员出入口紫外线照射消毒。

（4）喷撒消毒：在牛舍周围、入口、产床、牛床下面撒生石灰或火碱杀死细菌和病毒。

3. 消毒制度

(1)环境消毒。牛舍周围环境包括运动场,每周2%火碱消毒1次;场周围及场内污水池、排粪坑、下水道出口,每月用漂白粉消毒1次;大门口和牛舍入口设消毒池,加2%火碱溶液。

(2)人员消毒。人员进入生产区应更衣和紫外线消毒3~5分钟,工作服不得穿出场外。

(3)牛舍消毒。每班牛下槽后应彻底清扫干净,用高压水枪冲洗,并喷雾消毒和熏蒸消毒。

(4)用具消毒。定期用0.1%新洁尔灭或0.2%~0.5%过氧乙酸对饲喂用具、料槽、饲料车消毒;日常用具如兽医用具、助产用具、配种用具用前彻底清洗和消毒。

(5)带牛环境消毒。定期用0.1%新洁尔灭、0.3过氧乙酸或0.1%次氯酸钠带牛环境消毒,并避免消毒剂污染到饲料中。

(二)免疫

对国家强制免疫病种,严格执行国家强制免疫计划。口蹄疫疫苗90日龄初免,初免1个月后加强免疫1次,以后每隔4~6个月免疫1次。对非强制免疫病种,实行因病设防,程序化免疫。

(三)废弃物处理

1. 场区内净道与污道分开,雨水与污水分离。

2. 生产区下风向较低处应设贮粪池、堆粪场。

3. 每月分别用漂白粉、烧碱对贮粪池、堆粪场消毒。

4. 干湿分离,干粪、污物及时运至堆粪场发酵处理,污水及时输送至贮粪池生物发酵净化处理。

5. 严禁向自然水体排放未达排放标准的污水污物。

第二十节 肉羊养殖技术

近年来,随着人们生活水平的提高,人类在肉食结构上也在求新求变,与时俱进,健康安全保健食品已经成为人们的共同追求。羊食百草、其肉滋补。羊肉以其高蛋白、低脂肪、低胆固醇、营养丰富、味道鲜美而深受消费者青睐,羊肉价格持续攀升,市场空间巨大,发展前景广阔。

一、肉羊品种与杂交模式

(一)肉羊品种

1. 肉绵羊良种

(1)萨福克羊:原产于英国。早熟,适应性强,生长发育快,成年公羊体重 100 ~ 136 千克,母羊 70 ~ 96 千克。产羔率 141.7% ~157.7%,是生产优质羔羊肉的理想品种。

(2)陶赛特羊:原产于澳大利亚、新西兰。生长发育快,早熟,全年发情,适应性好。成年公羊 90 ~ 110 千克,母羊 65 ~ 75 千克。产羔率 137% ~175%。与我国绵羊杂交效果好,杂种羔羊生长发育快,且具有早熟、净肉率高等特点。

(3)杜泊羊:原产于南非。成年公羊 100 ~ 110 千克,母羊 75 ~ 90 千克。产羔率 140%。早熟,生长发育快,适应性强,耐寒,耐粗饲,放牧舍饲均可。对绵羊产肉性能改进提高效果较好。

(4)小尾寒羊:产于我国河北、河南和东北部、山东及皖北、苏北一带，是肉裘兼用型绵羊品种，生长发育快、早熟、繁殖力强、性能遗传稳定、适应性强，是中国“国宝”、世界“超级羊”及“高腿羊”。早熟、多胎、多羔：6月龄可配种受胎，年产2胎，胎产2～6只，有时高达8只；平均每胎产羔率266%，年产羔率500%以上。生长快、体大肉多、肉质好：4月龄可育肥出栏，年出栏率400%以上；6月龄体重50千克，周岁时可达100千克，成年羊130～190千克。周岁育肥羊屠宰率55.6 %，净肉率45.89 %。

(5)汉中绵羊：原产于我国汉中市宁强、勉县、略阳等县的山区，甘肃省的康县、成县、徽县也有少量分布。汉中绵羊性情温驯、耐粗饲、耐潮湿、适应性强、生长发育快、性成熟早、繁殖力和抗病力强，肉质细嫩、味道鲜美。汉中绵羊具有产肉性能好，繁殖性能高的特性。成年羊体重：公羊35千克，母羊31千克。屠宰率48%，产羔率137%～144%。

2. 肉山羊品种

(1)布尔山羊：原产于南非。一年四季均可发情，以秋季为多。性成熟早，6～8月龄发情配种。多胎多产，一般2年产3胎或3年产5胎。每胎1～3羔，每胎产羔率为150%～250%。与本地山羊杂交显示出很好的肉用特征、广泛的适应性、较高的经济价值和显著的杂交优势。

(2)简阳大耳羊：原产于我国四川省简阳市。具有体格高大、生长速度快、产羔率高、适应性强、肉质好、膻味低、风味独特等特点。肉用山羊的4个重要指标即繁殖力、生长速度、早熟性和饲料利用率均在国内山羊品种中位居首列。成年公羊体重100千克以上，母羊70千克以上。母羊6～7月龄配种，产羔率为225%，年产胎次1.75。

(3)关中奶山羊：关中奶山羊为我国奶山羊中著名优良品

种，主要分布在陕西关中地区。成年公羊体重65千克，母羊45千克。公母羊5～6月龄配种，发情旺季9～11月，产羔率178%。产奶性能稳定，产奶量高，奶质优良，营养价值较高。泌乳期7～9个月，年产奶450～600千克。屠宰率49.7%，净肉率39.5%。

(4)陕南白山羊：成年公羊33千克，母羊27.3千克。繁殖力强，产羔率259%，屠宰率50%。

(二)肉羊杂交模式

常用肉羊杂交方法和模式：肉绵羊以萨福克、陶赛特、杜泊羊作父本，小尾寒羊作母本的二元或三元杂交。肉用山羊以布尔山羊作父本，当地山羊作母本的二元杂交。肉羊三品种或四品种杂交一般比两品种杂交效果好，断奶重两品种杂交比纯种高13%，三品种杂交比纯种高38%，四品种杂交比纯种高56%。

二、肉羊饲养管理

(一)种公羊饲养管理

1.种公羊体况要求

要求常年保持健壮体质和充沛精力，且在配种前1～1.5个月开始抓膘，以达到中上等膘情。

2.种公羊饲料要求

首先要保证优质豆科牧草供给量，控制青贮料喂量，注意供应维生素、食盐、钙、磷等矿物质元素。其次日粮要根据季节温度变化进行调整。寒冷季节增加能量饲料；炎热夏季非配种季节，日粮中能量、蛋白质及干物质的摄入量都应适当减少，应以优质禾本科牧草、豆科牧草、块根(胡萝卜)为主。

3.采精训练

配种前1～1.5个月进行采精训练，检查精液品质。开始1

周采精1次,以后增加到1周2次。配种期,1.5岁公羊每天采精1~2次,2岁以上的成年公羊每天采精2~3次,每周休息1~2天。

4. 注意保健运动

经常修剪蹄甲、梳理被毛、按摩睾丸,定时驱赶运动。舍饲公羊每日运动2~4小时。

5. 单圈饲养,远离母羊群。

(二)配种前母羊饲养管理要点

1. 配种前母羊不宜过肥

肥胖影响卵子的发生、发育、排出及配子、合子在输卵管的运行,且导致雌性动物卵巢静止,卵泡闭锁、排卵延迟,长期不发情或发情异常,严重影响受胎率和繁殖率。

2. 不宜饲喂高蛋白饲料

蛋白质水平过高,血清孕酮含量下降,直接影响胚胎存活。过多蛋白质,体组织中氨、尿素及其他含氮化合物浓度升高,损害生殖功能,影响内分泌和黄体机能,进而影响胚胎存活。氨对卵子和早期胚胎有直接毒害作用。因此,配种前期母羊日粮应保持一定能量水平,控制蛋白质饲料喂量。

3. 不宜过瘦

母羊瘦弱,影响内分泌活动,使性腺机能减退,生理机能紊乱。表现为不发情,安静发情或超排处理反应差。营养过低会严重妨碍胚胎的生存和生长。提高营养水平可使母羊排卵数和产羔数增加,产羔率提高10%~20%。

4. 宜进行短期优饲

配种前20~30天,适当补饲优质干草和混合精料,以增强母羊体质,使其在短期内体重增加,促进母羊集中发情和多排卵。精饲料配方:玉米55%、麸皮28%、豆粕10%、食盐2%、预混料5%。混合料:草粉60%、精料40%,日喂1.5~2千克。

(三)妊娠母羊的饲养管理要点

1.合理供给营养

母羊怀孕前3个月,胎儿发育较慢,营养需要量无明显增加,但饲料质量要好。放牧羊,应适当延长放牧时间,保证日食3个饱,可不补饲或补饲少量精料和青干草。

母羊怀孕后两个月,为怀孕后期。羔羊出生重量的80%~90%在此阶段完成,不仅要饲喂足够的蛋白质饲料,还要注意钙、磷及其他矿物质元素和脂溶性维生素的补充,尤其是对多产母羊更要注意营养的合理搭配和补充。

2.避免随意用药

母羊在配种期、妊娠期、泌乳期及屠宰前禁止使用有毒副作用的抗生素和驱虫类药物。妊娠期还要禁用平滑肌兴奋药、激素类药物、镇静药。

3.避免接种疫苗

疫苗作为抗原,接种羊体后,使体温升高而发热,发热可致早期胚胎变性、死亡。因此母羊在妊娠前期不能接种疫苗,妊娠中期和后期可接种反应较轻的组织灭活苗。产羔前20天左右接种羔羊痢疾。

4.应注意的其他问题

(1)严禁饮用冰冻水或饲喂冰冻、霉变、品质低劣的饲料。

(2)保持圈舍清洁干燥,通风良好,阳光充足,冬暖夏凉。

(3)保持饲养条件相对稳定,防止剧烈运动和出入圈门时拥挤。

5.产后母羊的护理

(1)检查胎衣是否完整,有无病变。

(2)产圈应保暖、防潮、避免贼风,防感冒,使母羊安静休息。

(3)产后1～2小时,给母羊饮用加有少许食盐的麸皮温水,忌饮冷水。

(4)产后3天内,饲喂质量好、易消化的青干草,减少精料喂量,以后逐渐转变为正常饲料。

(5)仔细检查乳房有无异常或硬块,发现问题及时解决。

(6)保证哺乳母羊营养需求,确保其泌乳带仔需要。

(四)羔羊的培育

1. 重视羔羊先天发育

合理安排配种和产羔时间,搞好妊娠母羊饲养管理。获得出生重大、体质健壮、抗病力强、容易管理的羔羊。

2. 搞好助产

绵山羊分娩较其他畜容易,尤其放牧羊难产很少,不必过多干涉。舍饲或羊体况较差时易难产,分娩前应做好准备,随时监视母羊分娩情况,护理好羔羊。

3. 注意环境温度

初生羔羊室温应控制在30～35℃,以后每周下降2℃,直到18℃脱温。

4. 其他注意事项

(1)初生后尽快吃上初乳。

(2)羔羊早开食,早锻炼。

(3)1周龄内应与母羊同圈,对弱羔、弃羔应寻找代理母亲或人工哺乳,使其吃饱。

(4)羔羊舍内要有清洁饮水供羔羊自由饮用。冬天饮水应加温至10～20℃。

(5)缺硒地区,羔羊出生后1～2周内应肌注亚硒酸钠维生素E注射液,以后在配合饲料中添加含硒微量元素添加剂。

(6)适时断奶。羔羊自然断奶大约是在4月龄，在良好的饲养管理条件下，羔羊2月龄体重可达10千克以上，胃肠功能基本健全。为加快羊群繁殖速度，后备羔羊最好在3月龄后断奶。

羔羊断奶后，应特别关照，除给予一定量的易消化全价饲料外，还要供给足够的优质青干草和清洁饮水，任其自由采食和饮用。

(五)羔羊育肥

肥羔生产：是指断奶羔羊经2～3个月育肥，于6～8月龄达到屠宰体重上市。要求公羔活重40～50千克，母羔30～40千克，胴体重20千克左右。肥羔肉质较佳，是烤羊肉、涮羊肉的理想原料。

羔羊育肥：是指对1岁前的羔羊进行育肥。

1. 羔羊育肥生理特点

(1)生长发育快。8月龄前羔羊饲料转化率为(3～4)∶1，而成年羊为(6～8)∶1。绵、山羊生长高峰期在断奶前和5～6月龄这两个阶段，良种肉羊及其杂种羊日增重可达200克以上。

(2)对植物蛋白质利用率高。比成年羊高0.5～1倍。

(3)肉产品成本低。肥羔生产周期短，产品率高，成本低。羔羊当年屠宰，加快了羊群周转，提高了出栏率及出肉率。

(4)肉质好，售价高。羔羊肉中瘦肉多，脂肪少，胆固醇低。肉质鲜嫩多汁，膻味小，营养丰富，易被人体消化吸收。

2. 育肥前准备

(1)健康检查：无病者方可育肥。

(2)分群：按月龄和体重组群。在肉羊生产中，最好采取分批同期发情处理技术，使适繁母羊集中发情、配种，分批集中产羔，以利羔羊集约化肥育，分批供应市场。

(3)保健:驱虫、药浴和疫苗接种。

(4)去势:公、母羊去势,改善羊肉口感。

(5)称重:检验育肥的效果和效益。

(6)适应性饲养:经 1 ~2 周训练,待羊只完全合群并习惯采食育肥饲料后再开始育肥。

3. 影响羔羊育肥的主要因素

(1)品种:专门肉用绵山羊品种,如杜泊、萨福克、夏洛来、布尔山羊及其改良羊育肥效果优于本地绵山羊品种。

(2)营养水平:高营养水平下,肉羊日增重可达 300 克以上,而低营养水平下,日增重不到 100 克。

(3)饲料类型:以青粗饲料为主的肉羊与以谷物等精料为主的肉羊相比,前者胴体肌肉所占比例高于后者,而脂肪比例远低于后者。

(4)性别:育肥速度最快的是公羊,其次是羯羊,最后为母羊。阉割使羊的生长速度降低,但可使脂肪沉积率增加。

(5)温度:羊最适生长温度为 25 ~26℃,最适季节为春秋季。

4. 育肥羔羊饲养管理要点

(1)饲料原料尽可能多元化,单纯依靠精料,既不经济又不符合生理机能规律。

优质干草应占饲料总量的 40% ~60%。苜蓿干草不仅蛋白质含量高,而且还含有促生长因子,饲喂效果明显优于其他干草。

舍饲育肥羊,日粮中混合精料以 40% ~45% 为宜,不应超过 60%,粗饲料和其他饲料比例为 55% ~60%。

(2)饲喂要定时定量,少喂勤添。精料量应根据年龄、体重和粗饲料质量而定,青干草任其自由采食。做到"三先三后一足”,即先草后料,先喂后饮,先拌(料)后喂,饮水要充足。舍饲要先喂适口性差的饲料,后喂适口性好的饲料。

(3)保证饲料品质。做到水、草、料、用具、圈舍干净卫生。

(4)有饲养和活动场地。冬有圈,夏有棚,通风、卫生、安静。

(5)育肥期内尽量避免更换饲料。

四、肉羊饲料

为充分发挥肉羊生产性能,应根据肉羊各生理阶段营养需求配制不同的饲料配方,实行分阶段喂养,以发挥最佳生产潜能。

1. 非配种期种公羊饲料配方

混合料:草粉70%,精饲料30%;精饲料配方:玉米55%,麸皮28%,豆粕10%,羊预混料5%,食盐2%。日喂混合料1.5~2千克/日,早晚各喂1次。

2. 配种期种公羊饲料配方

混合料:草粉60%,精饲料40%;精饲料配方:玉米55%,麸皮28%,豆粕10%,羊预混料5%,食盐2%。日喂混合料1.5~2千克/日,早晚各喂1次。补饲青绿饲料0.5~1千克/日,1~2个鸡蛋。运动1~2小时/日。

3. 待配母羊饲料配方

混合料:草粉70%,精饲料30%;精饲料配方:玉米55%,麸皮28%,豆粕10%,羊预混料5%,食盐2%。日喂混合料1.5~2千克/日,早晚各喂1次。补饲青绿饲料0.5~1千克/日。运动1~2小时/日。

4. 母羊妊娠前期(妊娠3个月)饲料配方

同待配母羊饲料配方。

5. 母羊妊娠后期(分娩前2个月)饲料配方

混合料:草粉60%,精饲料40%;精饲料配方:玉米55%,麸皮28%,豆粕10%,羊预混料5%,食盐2%。日喂混合料1.5~2千克/日,早晚各喂1次。补饲青绿饲料0.5~1千克/日。

6. 哺乳期母羊饲料配方

混合料:草粉60%,精饲料40%;精饲料配方:玉米55%,麸皮28%,豆粕10%,羊预混料5%,食盐2%。日喂混合料1.5~2千克/日,早晚各喂1次。补饲青绿饲料1.5~2千克/日。

7. 7~40日龄羔羊饲料配方

玉米55%,麸皮26%,豆粕10%,奶粉3%,羊预混料5%,食盐1%。7日龄开始补饲精饲料及优质青干草,到21日龄精料日喂量达200克,40日龄达400克。

8. 41~60日龄羔羊饲料配方

混合料:草粉90%,精饲料10%;精饲料配方:玉米55%,麸皮26%,豆粕13%,羊预混料5%,食盐1%。日喂混合料0.5千克/日,日喂3次,青绿饲料0.3~0.5千克/日。

9. 61~90日龄羔羊饲料配方

混合料:草粉80%,精饲料20%;精饲料配方:玉米55%,麸皮26%,豆粕13%,羊预混料5%,食盐1%。日喂混合料0.5~0.7千克/日,日喂3次,青绿饲料0.3~0.5千克/日。

10. 91~120日龄羔羊饲料配方

混合料:草粉60%,精饲料40%;精饲料配方:玉米55%,麸皮26%,豆粕13%,羊预混料5%,食盐1%。日喂混合料0.7~1.0千克/日,日喂3次,青绿饲料0.3~0.5千克/日。

11. 4~5月龄育肥羊饲料配方

混合料:草粉60%,精饲料40%;精饲料配方:玉米58%,麸皮20%,豆粕5%,菜子饼10%,羊预混料5%,食盐2%。日喂混合料 1.1 ~ 1.5 千克/日,早晚各 1 次。

12.5 月龄以上强度育肥饲料配方

混合料:草粉 40%,精饲料 60%;精饲料配方:玉米 58%,麸皮 20%,豆粕 5%,菜子饼 10%,羊预混料 5%,食盐 2%。日喂混合料 1.1 ~ 1.5 千克/日,早晚各 1 次。

育肥 1 ~ 2 个月后,体重达 40 ~ 50 千克即可上市。

五、肉羊疫病防疫

(一) 定期驱虫

应用广谱驱虫药定期驱除肉羊体内外寄生虫,对增强肉羊抗病能力、提高肉羊生产性能十分重要。常用驱虫药有驱虫净、丙硫咪唑、阿维菌素等。

1. 羔羊驱虫

50 日龄第 1 次驱虫,90 日龄第 2 次驱虫,以后每隔 3 个月驱虫 1 次。

2. 育成羊驱虫

分别于 3 ~ 4 月和 9 ~ 10 月用丙硫咪唑各驱虫 1 次,每次驱虫 10 天后再驱 1 次。

3. 母羊驱虫

配种前 25 天用丙硫咪唑驱虫 1 次,10 天后再驱虫 1 次;母羊分娩后 20 天左右再驱虫 1 次。

4. 种公羊驱虫

分别于 3 ~ 4 月和 9 ~ 10 月用丙硫咪唑各驱虫 1 次,每次驱虫 10 天后再驱 1 次。

驱虫后羊群所排出的粪便要清理干净进行堆集发酵生物热处理,污染的圈舍地面用 2% 火碱喷洒消毒。

（二）程序免疫

1. 羔羊免疫程序

7 日龄，口唇黏膜注射羊传染性脓疱皮炎灭活疫苗；15 日龄皮下注射山羊传染性胸膜肺炎灭活苗；2 月龄尾根皮内注射山羊痘灭活苗；2.5 月龄肌肉注射 O 型口蹄疫灭活苗；3 月龄第一次皮下或肌肉注射羊梭菌病三联四防灭活苗、皮下注射气肿疽灭活苗；3.5 月龄第二次皮下或肌肉注射羊梭菌病三联四防灭活苗、皮下注射气肿疽灭活苗；4 月龄皮下注射羊链球菌灭活苗。

2. 育成羊免疫程序

5 月龄口服布鲁氏菌病活苗（猪 2 号）（国家强制免疫的疫苗）；7 月龄肌肉注射 O 型口蹄疫灭活苗。

3. 妊娠母羊免疫程序

产羔前 6～8 周第一次皮下注射羊梭菌病三联四防灭活苗、破伤风类毒素；产羔前 2～4 周第二次皮下注射羊梭菌病三联四防灭活苗、破伤风类毒素。

4. 空怀母羊免疫程序

配种前 2 周，肌肉注射 O 型口蹄疫灭活苗、羊梭菌病三联四防灭活苗；配种前 1 周，皮下注射羊链球菌灭活苗、Ⅱ号炭疽芽孢苗；产后 1 个月，肌肉注射 O 型口蹄疫灭活苗、羊梭菌病三联四防灭活苗，皮下注射Ⅱ号炭疽芽孢苗；产后 1.5 个月，皮下注射羊链球菌灭活苗、山羊传染性胸膜肺炎灭活苗，肌肉注射或口服布鲁氏菌病灭活苗（猪 2 号），尾根皮内注射山羊痘灭活苗。

5. 公羊免疫程序

参照母羊免疫程序进行。

6. 小反刍兽疫免疫程序

羔羊 30 日龄免疫 1 次，以后每隔 3 年免疫 1 次。

第二十一节 林下土鸡生态养殖技术

林下土鸡养殖是生态养鸡的一种方式，是在自然条件下以本地鸡为养殖对象，舍饲与林地放养相结合，以自由采食林间昆虫、杂草为主，人工补饲有机饲料为辅，生产天然无公害的优质商品肉鸡和鸡蛋。

林下种草养鸡减少了水土流失，改善了生态环境；利于形成以草养鸡，鸡粪肥林木、牧草，农作物增产良性循环；林下养鸡环境好，无污染，符合无公害食品生产要求；林下养鸡以优质牧草、草籽、昆虫为主要饲料，饲料成本低，饲养环境好，疾病少，成活率高，设施简单，经济效益好。

林下土鸡所产鸡蛋富含锌、钙、碘、硒等微量元素；蛋黄鲜黄，口感好，品位高；土鸡肉胆固醇低，肉质鲜美、营养丰富、无公害。肉、蛋属绿色食品，颇受人们青睐，价格不断攀升。

一、鸡种选择

选择适应性强、抗病力强、觅食能力强、耐粗饲、肉质细嫩、味道鲜美可口、对严寒和雨淋有一定适应性的快羽鸡种。如绿壳蛋鸡、狼山鸡、桃源鸡、麻鸡、略阳乌鸡、宁强本地土鸡等地方良种鸡。

二、山地选择

放养地远离住宅区、农田、工矿区和主干道路的林地，森林郁闭度在80%以下为宜；林地的树种以落叶阔叶林为宜，落叶阔叶林可在夏季鸡需要时给鸡遮阴,而到冬季落叶后又能给鸡足够的光照;山地坡度以12°~15°为宜,不得超过20°。且环境僻静安宁、空气洁净,附近有小溪、水井等无污染的清洁水源。

三、搭建棚舍

在放养区最高处找背风向阳的平地,用毛竹、帆布、油毡等搭坐北朝南的简易鸡舍或塑料大棚,内设栖架,给鸡提供午休、憩息场所。

四、放养规模

每亩林地以放养50羽为宜,每2000羽为一个鸡群,鸡群大不便管理,鸡群小效益低。晚春到中秋可放养。冬季气温低,虫草减少,应停止放养,加人喂食量。

五、养殖方法

1. 舍内育雏

0~4周龄的雏鸡,生长发育快,体温调节机能差,消化机能尚不健全,抗病能力差,应在舍内育雏。

(1)育雏季节:春季气候干燥,阳光充足,温度适宜,雏鸡生长发育好,且当年开产,产蛋量高,产蛋时间长;秋季气候适宜,成活率高,但育成后期因光照时间逐渐延长,会造成母鸡过早开产,影响产蛋量;冬季气温低,需要供暖,成本高,舍内外温差大,成活率低;夏季高温高湿,雏鸡易生病,成活率低。因此,育雏季节宜在春、秋季,不宜在冬、夏季育雏。

(2)进雏前准备:进雏前2周,先清扫育雏室地面、墙壁、天花板,然后洗刷地面、鸡笼和用具,晾干后用2%的火碱喷洒消毒,再铺设20~25厘米厚的锯末、麦草、谷壳或稻草等垫料。垫料可时常更换,也可在脱温转群后一次清除,鸡粪和垫料发酵产热,提高室温,产生的维生素B_{12}可被鸡采食利用。最后用高锰酸钾、福尔马林熏蒸消毒(高锰酸钾 14 克、40% 甲醛液、水 10 毫升/立方米)。调试电热保温伞(直径 500 厘米的电热保温伞可供 1000 只雏鸡保温),使室内温度达到 27℃。

(3)温度:刚出壳的雏鸡,体温调节机能不健全,且绒毛稀少,不能御寒;进食量少、运动少、产生热量少,需外界供给温度,以保持正常体温和生长发育需要;温度直接影响雏鸡活动、采食、饮水和饲料的消化吸收,促使雏鸡体内卵黄吸收,使雏鸡发育健壮,生长整齐。适宜温度为最初 0 日龄 35 ~ 33℃,以后每周下降 2 ~ 3℃,直到 4 周龄下降到 18℃脱温。

(4)湿度:高温高湿,雏鸡闷热难受,身体虚弱,不利于生长发育;低温高湿,雏鸡体热散失加快,御寒和抗病能力降低;湿度过高,特别是垫料潮湿,有利于病原微生物生长繁殖,引发疾病。10 日龄前,因舍内温度高、干燥,雏鸡饮水量及采食量小,应适当往地面洒水,将相对湿度控制在 60% ~ 70%;随日龄增加,鸡的饮水量、采食量、排粪量相应增加,空气湿度增大,此时相对湿度应控制在 50% ~ 60%;14 ~ 60 日龄,球虫病易发,应注意舍内干燥。控制湿度措施:定时清除粪便、勤换勤晒垫料、防止饮水器漏水、注意通风换气、减小饲养密度。

(5)通风换气:雏鸡生长快,代谢旺盛,氧气需要量大,排出的 CO_2 多,加之饲养密度大,如不能及时清粪,粪中含氮物分解产生大量氨气等有害气体,影响鸡群健康。通风前,将舍温提高 2℃左右,通风气流避免正对鸡群,防止贼风;1 周龄后应加大通风量,天气不很冷时,应每隔 2 ~ 3 小时通风换气 1 次。

(6)光照:光照能促进雏鸡活动,便于采食和饮水,促进雏鸡性成熟,促进皮肤产生维生素 D。3 日龄内雏鸡应 23 小时光照,以利雏鸡尽快熟悉环境,及时饮水、开食,光照强度为 20 勒克斯,之后按育成鸡光照制度执行。

(7)密度:密度过大,室内 CO_2、NH_3、H_2S 等有害气体增加,空气湿度增高,垫料潮湿,雏鸡活动受限,易发啄癖,出现采食不均,鸡群整齐度差,发病率和死亡率增高。密度过小,房舍设备利用率不高,饲养成本加大,影响经济效益。地面平养合理密度为0~1周龄50只/平方米,1~2周龄30只/平方米,2~3周龄25只/平方米,4~6周龄20只/平方米。

(8)饮水:雏鸡出壳后体内还有一部分卵黄未被吸收,及时饮水有利于卵黄吸收和胎粪排出。先饮水后开食是育雏的基本原则,一定要在雏鸡饮水1~2小时后再开食。第一周,水温不得低于18℃(饮用凉水,易造成腹泻),饮水中可适当加入维生素、葡萄糖,以促进雏鸡健康生长;长途运输时,饮水中加糖和维生素C可明显提高成活率;饮水中加抗生素可预防鸡白痢等。

(9)饲喂:开食过早,因雏鸡消化器官发育不健全使健康受损,过晚开食,因不能及时供给营养而虚弱,影响以后生长发育和成活。雏鸡出壳后24~36小时开食死亡率最低,一般在饮水2小时后有60%~70%雏鸡随意走动并有啄食行为时即可开食。开食所用饲料为优质颗粒配合饲料。开食时,应增大光照强度,饲养员轻轻敲打开食盘(塑料布、蛋托、旧报纸也可),边撒料边吹口哨,诱鸡采食。开食3天后将开食盘逐渐更换为料桶。开食后喂料应少喂勤添,促进鸡的食欲,1~2周5~6次/天,3~4周4~5次/天。

2. 林地放养

雏鸡在育雏室育雏4~5周龄后就可开始转移到山上放养,如果在早春或入冬时温度较低的情况下可育雏到4周龄或5周龄再上山放养。小鸡刚开始放养时没有上山觅食习惯,要人为训练才行。一般需两人配合,一人在前吹哨并抛撒颗粒饲料,让鸡随后抢食,另一人在后用树枝驱赶,直到鸡全部上山。每天中午还应在山上补哨补食 1 次，强化训练 10 天左右，鸡群建立了条件反射，晚上就可以自行回鸡舍了。

待雏鸡在山上放养 2 周后，也就是 6 周龄时开始进入育成期放养，这时鸡主要以山上的虫草为食，采取早晨少补，晚上适量补饲；夏秋季少补，冬春季多补。参考配方为：玉米 61%、豆粕 15%、花生仁饼 6%、麸皮 7%、细糠 5%、鱼粉 3%、骨粉 1.7%、植物油 1%、食盐 0.3%。到 8 周龄后，提高能量浓度和饲喂量，增加油脂（添加 3% ~5%）进行育肥，14 周龄即可上市。此时的鸡经过近 2 个月的放养，肉质最好、料肉比最高，经济效益也最好。

如果加养蛋鸡，待成鸡出售时选留生长良好、体质优良的母鸡做蛋鸡，同时也要按一定比例留少部分公鸡做头鸡，留下来的鸡还要以放养为主补充少量食物。21 周龄时开始加大喂食量，23 周龄后开始逐渐产蛋，这时要提前半个月在放养地内搭建鸡窝，让鸡早日适应鸡窝，到生蛋时就能知道在建好的窝中生蛋。

六、注意事项

开始放养的几天为防应激，可在饲料或饮水中加入一定量的维生素 C 或复合维生素，且饲料更换应逐渐过渡；出栏前 1 个月不用抗生素和驱虫药。放养补食应以群为单位集中喂食，饮水要散放在鸡活动的范围内和喂食的周围，不可过于放大，以免鸡在外觅到食又有水不愿回鸡舍。在雏鸡上山时最好能把公母鸡分开，母鸡群内留少量公鸡即可，因为公鸡易受惊、好斗，会影响到母鸡的生长。鸡群、大棚之间的间隔应在 50 米以上，中间用网隔开，以免喂食时鸡群间相互抢食。

七、防疫、驱虫、消毒、防害

1. 防疫是防范各类疾病发生的行之有效的措施

防疫程序为:1 日龄注射鸡马立克氏病疫苗;7~10 日龄用鸡新城疫Ⅳ系疫苗滴鼻或点眼;12 日龄用鸡传染性法氏囊病中等毒力疫苗点眼或滴鼻;18 日龄注射禽流感疫苗;20 日龄用鸡新城-H52 二联苗+Ⅳ系苗 2 倍剂量饮水;25 日龄用鸡法氏囊病中等毒力疫苗 2 倍剂量饮水;30 日龄用鸡喉气管炎疫苗点眼、鸡痘疫苗刺种;60 日龄用鸡新城疫Ⅰ系疫苗肌注;90 日龄用鸡喉气管炎疫苗点眼;110 日龄用鸡痘疫苗刺种、鸡新城疫油苗肌注;120 日龄用禽流感油苗肌注。

2. 定期驱虫主要预防球虫、线虫、绦虫和疥螨

常用药物有球宝、驱蛔灵、左旋咪唑、丙硫咪唑、阿维菌素等。鸡从 2 月龄开始,每隔 2 个月驱虫 1 次。第一次喂服驱虫药后,隔 7~10 天再喂服 1 次,最好空腹用驱虫药,效果较好。鸡驱虫后要及时清除粪便及污物并发酵处理。

3. 对鸡栖息的棚内及附近场地坚持每天清扫、消毒

水槽、食槽每天刷洗,放养场进出口设置消毒带,定期更换消毒垫料及消毒药液。每批鸡出栏完毕,应对鸡棚彻底清扫、消毒,对所用器具、盆槽等熏蒸 1 次再进下一批鸡。

4. 预防天敌危害

主要天敌有鹰、黄鼠狼、山猫等。预防办法:用爆竹驱逐野生动物类,用尼龙网围罩牧场。防害鸡舍附近地段定期下夹子捕杀黄鼠狼,晚上下夹子,次日晨要及时收回,防止伤着鸡。天气不好时不要放养,应采取舍饲。下暴雨、冰雹、刮大风时应及时将鸡赶回棚内,避免造成损失。

5. 在林地放养的土鸡因林下阳光不充足,下雨时地面会长

期潮湿易感染白痢,因此在每次下雨后都要喂一些防白痢的药。

八、效益分析

目前,市场上良种肉鸡价格为每千克6元,而土鸡价格在每千克30~40元之间,饲养一只2千克重的土鸡,扣除饲养及鸡苗成本,可净赚30元。养1200只土鸡至少可赚3万元。饲养蛋鸡,母鸡的价格在每千克30至40元之间,饲养一只1.5千克的母鸡,可保鸡的饲养及鸡苗成本,而每只母鸡年产蛋120枚,每枚价格为0.50元,至少收入50元。养500只母鸡至少可赚2万元。如果一个农户一年饲养2000只土鸡,一年可赚到10万元。

附录:小常识

怎样识别假劣肥料

1. 看肥料包装

正规厂家生产的肥料其外包装规范、结实,袋内有合格证、生产日期等标签。包装袋标有注册商标、产品名称、标准代号、生产许可证号、使用方法、养分含量、等级、净重、厂名、厂址等项目。复混肥、有机肥、有机无机复混肥、专用肥等还应有肥料登记证号。如果没有上述标志或标志不完整,则可能是假冒或劣质化肥。包装封口有明显拆封痕迹的化肥要特别注意,这种现象有可能掺假。

2. 看产品名称

名称上不允许带有夸大性词语。如"高效××肥""××肥王""全元素××肥料"等。

3. 看养分含量

养分含量仅指氮、磷、钾,不能把中、微量元素,有机质及其他添加物计入总养分中。

4. 看肥料外观

氮肥(除石灰氮外)和钾肥多为白色结晶体,部分钾肥呈现暗红色;磷肥多为黑灰色多孔块状;优质复合肥粒度和比重较均匀,表面光滑,不易吸湿和结块。而假劣肥料恰恰相反,肥料颗粒大小不均、粗糙、湿度大、易结块。

5. 火烧

氮肥:碳酸氢铵,直接分解,发生大量白烟,有强烈的氨臭味,无残留物;氯化铵,直接分解或升华发生大量白烟,有强烈的氨味和酸味,无残留物;尿素,能迅速熔化,冒白烟,投入炭火中能燃烧;硝酸铵,不燃烧但熔化并出现沸腾状,冒出有氨味的烟。

磷肥:过磷酸钙、钙镁磷肥、磷矿粉等在红木炭上无变化;骨粉则迅速变黑,放出焦臭味。

钾肥:硫酸钾、氯化钾、硫酸钾镁等在红木炭上无变化,发出噼叭声。

复混肥:复混肥料燃烧与其构成原料密切相关,当其原料中有氨态氮或酰氨态氮时,会放出强烈氨味,并有大量残渣。

6. 加水

如果外表观察不易识别化肥品种,也可通过加水看溶解情况识别。硝铵、二铵、硫酸钾、氯化钾等可以完全溶解(化)。过磷酸钙、重过磷酸钙、硝酸铵钙等部分溶解,复合肥颗粒会发散、溶解或有少许残留物,而假劣肥料溶解性很差或根本不溶解(除磷肥)。

怎样识别假农药

1. 看外观包装

包装是否完好,有无破损、开封或渗漏;是否印(贴)有标签和附具出厂检验合格证。产品名称上随意增加,如 fh、cp、i 型、

ii型、复方等字样，都是非法名称，不要轻易购买。散装农药产品不能购买。

2. 看农药标签

标签字迹是否清晰；标签内容是否齐全。农药标签包括“三证”（农药登记证、生产许可证或生产批准文件、产品执行标准号）、产品名称、有效成分、含量、毒性、用途、重量、使用方法、生产日期、有效期、注意事项和企业名称、地址、邮编等，标签缺少任何一项都不能购买，超过有效期的不能购买。

3. 看农药形态

粉剂：可湿性粉剂应为粗细均匀、颜色一致的疏松粉末，无团块。如果颜色不均匀、有结块或有较多较大颗粒的为假劣产品。

乳油水剂：应为均匀液体，无沉淀或悬浮物。如出现分层、混浊、沉淀等现象，质量可能有问题。

悬浮剂：悬乳剂应该是均匀、可流动的液态混合物，无结块。长期存放可能存在少量分层现象，经摇晃后应能恢复原状。否则说明质量有问题。

颗粒剂：应该是大小、颜色均匀颗粒。颗粒大小相差很大、包装袋中有很多粉末的为假劣产品。

熏蒸用的片剂如果呈现粉末状，表明已经失效。